Die Beschleunigungsfalle
oder der
Triumph der Schildkröte

W0190386

SCHÄFFER
POESCHEL

Klaus Backhaus/Holger Bonus (Hrsg.)

Die Beschleunigungsfalle
oder
der Triumph
der Schildkröte

1994
Schäffer-Poeschel Verlag
Stuttgart

Die Deutsche Bibliothek – CIP-Einheitsaufnahme

Die *Beschleunigungsfalle oder der Triumph der Schildkröte* /
Klaus Backhaus/Holger Bonus (Hrsg.). - Stuttgart : Schäffer-
Poeschel, 1994
    ISBN 3-7910-0877-3
NE: Backhaus, Klaus [Hrsg.]

Gedruckt auf chlorfrei gebleichtem, säurefreiem und alterungsbeständigem Papier

ISBN 3-7910-0877-3

© 1994 Schäffer-Poeschel Verlag für Wirtschaft · Steuern · Recht GmbH

Einbandgestaltung: Willy Löffelhardt
Satz: Schreibbüro Eva Burri, Stuttgart
Druck und Bindung: Franz Spiegel Buch GmbH, Ulm-Jungingen
Printed in Germany

Schäffer-Poeschel Verlag Stuttgart
Ein Tochterunternehmen der Verlagsgruppe Handelsblatt
und der Spektrum Fachverlage GmbH

Vorwort

Wir leben im Zeitalter des Geschwindigkeitswettbewerbs: »Every morning in Africa a gazelle wakes up. It knows that it must run faster than the fastest lion, or it will be killed. And every morning in Africa, a lion wakes up. It knows that it must run faster than the slowest gazelle, or it will starve the death. It doesn't matter, whether you are a gazelle or a lion: When the sun comes up you'd better be running!«

Im Geschwindigkeitsrausch vergessen wir jedoch häufig, daß Schnelligkeit allein nicht immer das Entscheidende ist, sondern oft auch mit Beharrung und Langsamkeit gepaart sein muß. Sten Nadolny hat dies in seinem Roman »Die Entdeckung der Langsamkeit« wunderbar beschrieben: »Die Arbeit auf dem Schiff beobachtete John sehr genau. Er ließ sich auch beibringen, wie man Knoten machte. Er stellte einen Unterschied fest: beim Üben schien es mehr darauf anzukommen, wie schnell man einen Knoten fertig hatte, bei der wirklichen Arbeit aber darauf, wie gut er hielt.«

Gerade eine sich beschleunigende Welt braucht bleibende Identität. Etwas, das uns bekannt ist, das unser Verhalten prägt, wo wir uns wiederfinden. Selbst der Schnellste braucht eine Ruhepause, um sich zu erholen. Aus der Hektik muß er sozusagen nach Hause kommen können in ein Umfeld, das sich inzwischen nicht verändert hat, wo er sich wiedererkennt.

Offenbar braucht die effektive und effiziente Entfaltung von Geschwindigkeit gleichzeitig eine vertraute »stehengebliebene« Basis. Schnelligkeit braucht also Langsamkeit. Das wird häufig vergessen.

Dieses Lesebuch ist gegen den Zeitgeist geschrieben, in dem stetige Beschleunigung zur Handlungsmaxime geworden ist. Doch wir brauchen auch die Langsamkeit! Sie begegnet uns überall, in der Gesellschaft, in der Wirtschaft, in der Kunst. Die Beiträge der verschiedenen Autoren behandeln die Institution der Langsamkeit auch aus verschiedenen Perspektiven. Wir wollten dabei keine abgewogenen Meinungen vorstellen. Wir wollen mit den Beiträgen provozieren, Widerspruch herausfordern. Aber wir wollen auch Identifikation. Mit anderen Worten: Wir wollen eine Diskussion entfachen.

Danken wollen wir an dieser Stelle der Verlagsbereichsleiterin des Schäffer-Poeschel Verlages, Frau Ass. jur. Marita Rollnik-Mollenhauer, die sich stark engagiert und durch zahlreiche Anregungen zur inhaltlichen Gestaltung des Buches beigetragen hat. Unser Dank gilt auch Herrn Dipl.-Ing. Kai Gruner, Universität Münster, für seine Unterstützung bei der inhaltlichen Überarbeitung der einzelnen Beiträge und für die von ihm geleistete Koordinationsarbeit bei der Erstellung der Manuskripte.

Münster und Pittsburgh, Klaus Backhaus
im Juni 1994 Holger Bonus

Inhalt

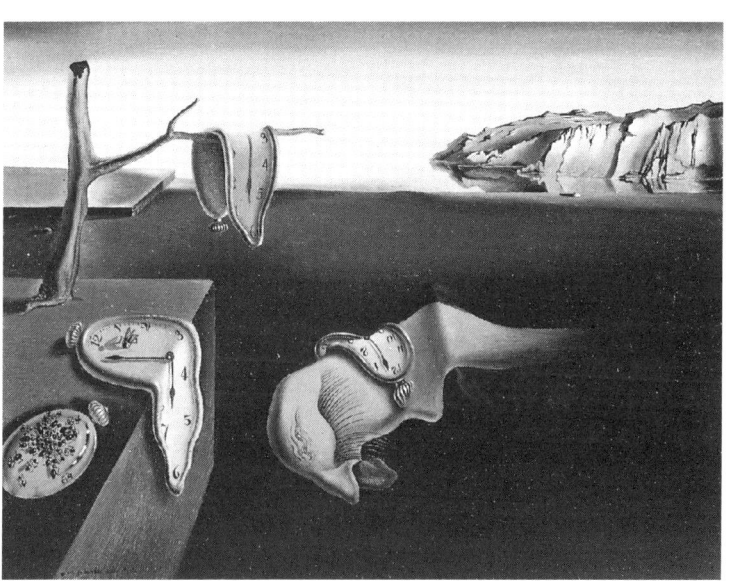

DIE LANGSAMKEIT VON SPIELREGELN

Holger Bonus

Fundamentale und sekundäre Institutionen

Was ist eine *Institution*? Die Neue Institutionenökonomik, der ich hier folgen möchte, sieht in ihr einen Satz von Regeln und Normen – seien sie förmlich oder informell –, die mit Sanktionen für den Fall von Verstößen bewehrt sind.[1] Der Nobelpreisträger *Douglass C. North* vergleicht Institutionen mit Spielregeln.[2] Denken Sie sich ein Fußballspiel, in dem die Regeln während des Spiels fortwährend geändert würden. Das wäre nicht gut; die Spieler würden kaum noch spielen, sondern am Rande des Spielfeldes stehen und darüber palavern, welche Regeln gelten sollen. Damit das Spiel zügig ablaufen kann, müssen die Regeln während des gesamten Spiels die gleichen bleiben. Auf die Regeln muß Verlaß sein; und dazu müssen sie Bestand haben. Zwar werden die Regeln hier und da geändert; aber das Tempo, in dem dies geschieht, muß wesentlich *langsamer* sein als der eigentliche Spielverlauf.

Ein Blick auf die Sprache verdeutlicht, worum es geht. Die »Institution« wurzelt sprachlich im lateinischen *instituere*, was so viel heißt wie aufstellen. Die Statue, einmal am Ort, bleibt stehen, und zwar für lange Zeit; gerade dafür ist sie geschaffen. *Institutionen* also wandeln sich nicht – oder doch nur langsam. Sie prägen sich ein und ermöglichen so Kontinuität, Verläßlichkeit, sei es im Guten oder im Schlechten. Institutionen etablieren Ne-

---

1 Vgl. NORTH, D.C. (1981), Structure and Change in Economic History, New York, London 1981, S. 201f.; RICHTER, R. (1990), Sichtweisen und Fragestellungen der Neuen Institutionenökonomik, in: Zeitschrift für Wirtschafts- und Sozialwissenschaften 110, 1990, S. 571–579; SCHMIDTCHEN, D. (1993), Neue Institutionenökonomik internationaler Transaktionen, in: SCHLIEPER, U./SCHMIDTCHEN, D. (Hrsg.), Makro, Geld & Institutionen, Tübingen 1993, S. 57–84.
2 Vgl. NORTH, D.C. (1990), Institutions, Institutional Change and Economic Performance, Cambridge, New York 1990, S. 3.

benbedingungen für menschliches Handeln und sind damit eminent ökonomischer Natur; denn Ökonomie ist nicht zuletzt die Kunst des Handelns unter Restriktionen. Durch ihr verläßliches *Stehenbleiben* begrenzen Institutionen die Ungewißheit der Welt. Dietl macht die glückliche Unterscheidung zwischen fundamentalen und sekundären Institutionen.[3] Fundamentale Institutionen sind das Ergebnis langjähriger Evolutionsprozesse und nicht rational zu planen. Ein Beispiel wäre das Rechtsempfinden. Das können wir nicht fabrizieren; wir finden es vor und müssen damit leben. Auch das Rechtsempfinden wandelt sich, was zu Umwälzungen im Alltag führen kann – man denke etwa an die durchdringende Verrechtlichung des Arbeitslebens. Aber solche Wandlungen erfolgen allmählich, eher unmerklich, sehr langsam.

Sekundäre Institutionen hingegen werden gemacht, oft im Hauruck-Verfahren, und mehr oder weniger gut in den durch fundamentale Institutionen vorgegebenen Rahmen eingebettet. Im geplanten Sinne bewirken können sekundäre Institutionen nur dann etwas, wenn sie durch fundamentale Institutionen unterstützt werden. Ein Gesetz etwa, das dem Rechtsempfinden zuwiderläuft, wird seinen Zweck nicht erreichen können. Eine Kollision zwischen fundamentalen und sekundären Institutionen führt zu gespaltenen Kulturen.[4] Denken Sie etwa an den Mezzogiorno, wo die Gesetze zwar stringent sind, aber nicht beachtet werden.

---

3   Vgl. DIETL, H. (1993), Institutionen und Zeit, Tübingen 1993, S. 71.
4   Vgl. BONUS, H. (1994), Das Selbstverständnis moderner Genossenschaften, Tübingen 1994, S. 9.

Evolutorische Sackgassen

Institutionen überbrücken Zeiträume; und das können sie nur, wenn der Prozeß ihres Wandels hinreichend langsam ist. Sie wachsen aus der Geschichte (deswegen hat die Geschichte einen so großen Einfluß auf unser Leben), sie werden von der umgebenden Kultur geprägt und prägen wiederum diese. Fundamentale Institutionen – also jene, auf die wir kurzfristig kaum Einfluß haben – evolvieren. *Dietl* ist nun in Hayeks Tradition überzeugt von der *evolutorischen Effizienz* fundamentaler Institutionen.[5] Während sekundäre Institutionen stets der menschlichen Unvollkommenheit unterliegen, gehen für Dietl im Verlauf der Evolution aus negativen Selektionsprozessen immer die relativ effizienteren Institutionen hervor, die dann im weiteren Verlauf durch andere und *noch* effizientere ersetzt werden können.[6]

Aber diese im Gefolge *Darwins* gewachsene Überzeugung kann den bahnbrechenden Forschungsergebnissen von North nicht standhalten.[7] In einer arbeitsteiligen Wirtschaft ist es von zentraler Bedeutung, daß man sich auf Vereinbarungen verlassen kann, weil sonst die erforderlichen Koalitionen nicht entstehen, jene komplexen Verträge, ohne die eine moderne Ökonomie nicht funktionsfähig wäre. Gebraucht werden also Credible Commitments,[8] verläßliche Bindungen, die aber ihrerseits geeignete Institutionen voraussetzen.

Nun ist überhaupt nicht gesagt, daß solche Institutionen in der Tat evolvieren. Man kann fundamentale Institutionen eben

---

5   Vgl. DIETL, H. (1993), a.a.O., S. 92ff.
6   Vgl. DIETL, H. (1993), a.a.O., S. 94.
7   Vgl. NORTH, D.C. (1990), a.a.O.; NORTH, D.C. (1993), Institutions and Credible Commitment, in: Journal of Institutional and Theoretical Economics 149, 1993, S. 11–23. Der vorliegende Abschnitt stützt sich vor allem auf den letzteren Titel.
8   Vgl. dazu insbesondere NORTH, D.C. (1993), a.a.O., S. 11–23.

nicht nach Bedarf maßschneidern; und es mag geschehen, daß die falschen Institutionen evolvieren. Wenn dies geschieht – und das ist häufig genug der Fall – dann bleibt eine Wirtschaft hartnäckig das, was wir von unserem Standpunkt aus unterentwikkelt nennen. Die Geschichte zählt, so North – nicht nur, weil wir aus ihr lernen können, sondern vor allem, weil Gegenwart und Zukunft durch die Kontinuität gewachsener Institutionen mit der Vergangenheit zusammenhängen.[9] Daher werden unsere ökonomischen Entscheidungen von heute und morgen durch unsere Vergangenheit mitgeformt, ob wir es wollen oder nicht.

North untersucht beispielhaft für zwei Kulturkreise – den nord- und den lateinamerikanischen –, wie die für sie prägenden Institutionen in der Geschichte evolviert sind. Das ökonomische Schicksal eines Kulturkreises hängt davon ab, ob sich in ihm Institutionen herausbilden, die Kooperation begünstigen, oder ob das nicht geschieht. Wie wir bereits sahen, ist intensive Kooperation die Voraussetzung für wirtschaftliche Weiterentwicklung; und wenn ein dafür ungünstiges Klima entsteht, können die institutionellen Rahmenbedingungen Stagnation und Niedergang induzieren. Vor dem Hintergrund des zerfallenden Sowjetimperiums ist diese Analyse von unerhörter Aktualität.

Wie also kommt es, daß Ökonomien wie die USA und Lateinamerika sich so radikal anders entwickelt haben? Wir beobachten zwei verschiedene Entwicklungspfade, von denen der eine zu nachhaltigem wirtschaftlichem Erfolg führte, der andere in permanentes wirtschaftliches Scheitern. Kurz gesagt, kam es in den USA zu nachhaltigem Wirtschaftswachstum, weil von den evolvierenden institutionellen Rahmenbedingungen fortwährend Anreize ausgingen, sich in produktiven Aktivitäten zu angagieren, um dadurch die eigenen Chancen zu verbessern. Davon profitierte das Land insgesamt nachhaltig.

9   Vgl. NORTH, D.C. (1990), a.a.O., S. VII.

Ganz anders sieht der Weg ins permanente ökonomische Scheitern aus, wie ihn neben Lateinamerika viele Länder der Dritten Welt gegangen sind und auf dem auch die Staaten der ehemaligen Sowjetunion zu wandeln scheinen. Hier sehen die institutionellen Rahmenbedingungen so aus, daß von ihnen immer neue Anreize ausgehen, sich in redistributiven (statt in produktiven) Aktivitäten zu engagieren – man denke an die Mafia –, Monopole (statt kompetitive Bedingungen) zu schaffen und die Möglichkeiten für den Einzelnen zu restringieren (statt sie auszudehnen). Solche institutionellen Rahmenbedingungen induzieren nur selten Bildungsinvestitionen, welche die Produktivität steigern würden. Auch hier werden die Beteiligten allmählich effizienter – aber eben nur darin, die Gesellschaft noch unproduktiver zu machen und die institutionellen Rahmenbedingungen noch ungünstiger zu gestalten, so daß produktive Aktivitäten immer stärker entmutigt werden.

Ein solcher Entwicklungspfad kann persistent sein. Der institutionelle Rahmen ist dann so gelagert, daß er eine Entwicklung in Richtung auf höhere Produktivität dauerhaft blockiert. Heute ist der weitaus größere Teil der Menschheit in solchen sich selbst perpetuierenden Fehlentwicklungen gefangen. Auch darin liegt Langsamkeit; aber jetzt legt sie sich lähmend auf das Land.

Für den ökonomischen Erfolg, so North, braucht man Institutionen, die anonyme, unpersönliche Tauschakte über Raum und Zeit erleichtern. Solche Institutionen evolvierten nach der Renaissance in den Niederlanden, in England und später in Nordwesteuropa. Sie evolvierten jedoch nicht in Spanien, in Afrika, in China und in Lateinamerika. Warum nicht?

Für North liegt der Schlüssel in der Möglichkeit zu Credible Commitments, zu wirklich glaubhaften, verbindlichen Festlegungen der Wirtschaftspartner auf bestimmte Verhaltensweisen. Nur dann nämlich, wenn man sich auf vertragliche Zusagen auch verlassen kann, ist eine arbeitsteilige Wirtschaft funktionsfähig. Ob sich aber die Akteure an Zusagen gebunden fühlen, hängt von den institutionellen Rahmenbedingungen ab. Damit förmliche Regeln tatsächlich wirken können, müssen sie durch entsprechende informelle Konventionen und Normen unterlegt sein (die im wesentlichen den fundamentalen Institutionen Dietls entsprechen). Es muß also eine in dieser Hinsicht günstige Kultur geben. Diese bildet gewissermaßen den Humus, auf dem eine Wirtschaft sich entweder entfalten kann oder aber nicht. Wenn förmliche und informelle Normen nicht zueinander passen, haben wir – wie bereits gesagt – eine gespaltene Kultur, als deren Resultat sich politische Instabilität einstellt.

Entwicklungshilfe bringt in solchen Fällen wenig. Das wohlmeinend hereingebrachte ausländische Kapital flüchtet sofort in sichere Gefilde, also nach New York oder Zürich – oder es geht in die Korruption, wodurch sich die Malaise verschlimmert. Was wir beobachten, ist eine Entwicklungsfalle. Jetzt gereicht es einer Kultur nicht mehr zum Segen, daß die Evolution fundamentaler Institutionen so langsam erfolgt und zudem nicht steuerbar ist. Für eine Entwicklung in Richtung Demokratie und Wohlfahrt brauchte Rußland wohl andere fundamentale Institutionen; aber die kann man nicht herstellen. Identität steht »zu niemandes Disposition, auch nicht zur eigenen«, sagt Lübbe.[10]

Ich-Identität

Das bringt mich auf einen anderen Aspekt des Themas *Institution und Langsamkeit*.[11] Im individuellen Bereich wird die Funktion, die in der Sphäre der Gesellschaft durch Institutionen wahr-

---

10 LÜBBE, H. (1979), Zur Identitätspräsentationsfunktion der Historie, in: MARQUARD, O./STIERLE, K. (Hrsg.), Identität, München 1979, S. 277–292.

11 Die Diskussion in den Abschnitten 3 und 4 folgt im wesentlichen BONUS, H. (1994), a.a.O., Teil 1.

genommen wird, durch *Ich-Identität* ausgefüllt.[12] Dabei handelt es sich um das Gefühl eines Menschen, sich selbst gleich zu sein. Man findet sich selbst in Ordnung und glaubt im übrigen, man verdiene durchaus das Vertrauen der Umwelt in die eigene Person.[13] Das Identitätsgefühl eines Menschen – die Gewißheit eigener Konstanz also – bildet den Kern seiner innersten Gesundheit und Leistungsfähigkeit. Wie die fundamentale Institution ist auch die Ich-Identität das Resultat von Geschichte.[14] Die geglückte Identitätsbildung schlägt sich in einer *Biographie* nieder.[15] Diese schafft »einen beständigeren Rahmen von Handlungsorientierungen, als ihn isoliert nebeneinanderstehende Handlungssituationen anbieten«.[16] Man macht sich ein konsistentes Bild seiner selbst und holt sich in Krisensituationen Rat an der eigenen Kontinuität.

In der Biographie eines Menschen sind die eigenen Werturteile, Normen und Erfahrungen niedergelegt. Sie bilden einen Filter, mit dessen Hilfe eingehende Informationen sortiert und eingeordnet werden. Identität begründet deshalb eine ganz bestimmte und sehr persönliche Sicht der Dinge, die sich von derjenigen des Nachbarn ausgeprägt unterscheiden kann.[17] Jeder Mensch

---

12 Vgl. hierzu im einzelnen ERIKSON, E.H. (1973), Identität und Lebenszyklus, Frankfurt/Main 1973; ERIKSON, E.H. (1984), Kindheit und Gesellschaft, Stuttgart 1984; CLAESSENS, D. (1983), Gruppe und Gruppenverbände: Systematische Einführung in die Folgen von Vergesellschaftung, Darmstadt 1983.
13 Vgl. ERIKSON, E.H. (1984), a.a.O., S. 243.
14 Vgl. LÜBBE, H. (1979), a.a.O., S. 280.
15 Vgl. KRAPPMANN, L. (1982), Soziologische Dimensionen der Identität: Strukturelle Bedingungen für die Teilnahme an Interaktionsprozessen, Stuttgart 1982, S. 9.
16 KRAPPMANN, L. (1982) a.a.O., S. 9.
17 Vgl. BROCHER, T. (1980), Gruppendynamik und Erwachsenenbildung – Zum Problem der Entwicklung von Konformismus oder Autonomie in Arbeitsgruppen, Braunschweig 1980, S. 34.

wandelt in seiner eigenen Welt und nimmt etwas anderes wahr; und eine Brücke zwischen diesen subjektiven Welten braucht nicht zu existieren. Wenn die Weltbilder benachbarter Menschen krass unterschiedlich und so gehalten sind, daß die Nachbarn als feindlich und lebensbedrohlich empfunden werden, kann dies bis zum Bürgerkrieg führen, wie wir ihn in Jugoslawien erleben.

Die Identitätsbildung kann mißglücken, und erworbene Identität kann sich auch wieder auflösen.[18] Sie bleibt immer gefährdet; Identitätskrisen sind normal und für die Entwicklung erforderlich.[19] Ich-Identität, der bleibende Kern der Persönlichkeit, bietet dem Menschen Halt und Orientierung, was nur bei hinreichender Langsamkeit des Wandels möglich ist. Zur Schnelligkeit im Erkennen und Handeln und zur Kreativität braucht man gesicherte Identität – und damit Langsamkeit. Um beweglich zu sein, muß man zu sich selbst nach Hause kommen können, man muß in sich ruhen. Ohne Langsamkeit gibt es keine Innovation.

Identität und Unternehmenskultur

Erstaunlicherweise ist Ich-Identität, der persönlichste Kern von Individualität, zugleich ein gruppenpsychologisches Phänomen.[20] Ich-Identität setzt nämlich auch voraus, daß sich der Mensch einer *Gruppe* zugehörig fühlt. Anthropologisch sind Ich-Identität und Gruppe eng miteinander verklammert. Das liegt daran, daß der frühe Mensch auf Gedeih und Verderb von einer Grup-

---

18   Vgl. BROCHER, T. (1980), a.a.O., S. 40.
19   Vgl. BROCHER, T. (1980), a.a.O., S. 34.
20   Vgl. ERIKSON, E.H. (1973), a.a.O., S. 17f.; CLAESSENS, D. (1977), a.a.O.

pe abhing, der er zugehörte. Überleben konnte er nur als Gruppenmitglied; er war also darauf angewiesen, von der Gruppe *erkannt* und zugleich *anerkannt* zu werden.[21]

Die damalige Gruppe hatte strikte Normen, weil man sehr aufeinander angewiesen war und auf engstem Raum zusammenleben mußte. Um als Gruppenmitglied anerkannt zu werden, mußte man sich die Normen der Gruppe zu eigen machen. Claessens formuliert: die Gruppe »nistet sich in der Psyche der Individuen auch als fordernde Instanz ein«.[22] So kam es zur »Prägung der individuellen Psyche durch den ständig erlebten Gruppenzusammenhang«.[23] Der Mensch war im Verhältnis zur Gruppe verletzlich, und sein Selbstwertgefühl mußte davon abhängen, daß sie ihn als einen der ihren erkannte.[24]

Während also der einzelne Mensch Gruppen braucht, deren Normen er teilt, hat die Gruppe, der er angehört, als solche zunächst keine Identität. Wie sollte eine Gruppe auch etwas fühlen? Das können immer nur Individuen. Und dennoch gibt es kollektive Identität; sie ist sogar von vitaler Bedeutung, wenn es um Unternehmen geht. Kollektive Identität spielt für das Unternehmen die gleiche Rolle wie Institutionen für die Gesellschaft und Ich-Identität für das Individuum. Es handelt sich um ein Gruppenphänomen, um Groupness, wie Edgar Schein es ausdrückt.[25] Ohne Identität gibt es keine Gruppe, sondern nur eine Ansammlung von Menschen. Identität bildet sich in dem Maße heraus, wie aus der Ansammlung eine Gruppe wird, und konstituiert sich darin, daß die Gruppenmitglieder ein Wir-Gefühl ent-

21 Vgl. CLAESSENS, D. (1980), Das Konkrete und das Abstrakte – Soziologische Skizzen zur Anthropologie, Frankfurt/ Main 1980, Abschnitt 2.1.3.
22 CLAESSENS, D. (1980), a.a.O., S. 71.
23 CLAESSENS, D. (1980), a.a.O., S. 75.
24 Vgl. CLAESSENS, D. (1980), a.a.O., S. 78.
25 Vgl. SCHEIN, E. (1985), Organizational Culture and Leadership, San Francisco 1985, S. 50.

wickeln, sich also als Teil eines größeren Ganzen empfinden, mit dessen Werten und Normen sie sich identifizieren.[26] Eine Gruppe, die über Identität verfügt, ist auf diese Weise verwurzelt in der Ich-Identität ihrer Mitglieder, sie ist Teil dieser Mitglieder, was eine überaus starke anthropologische Klammer darstellt. In Kleingruppen bildet sich Gruppenidentität spontan,[27] während sie in größeren Organisationen kultiviert werden muß.

Weil es für Unternehmen auf Identität ankommt, ist Unternehmenskultur so wichtig. Ihre Aufgabe ist es, die Identität des Unternehmens zu pflegen, sie augenfällig und greifbar zu machen, sie zu ritualisieren und die abstrakten Werte mit Fleisch und Blut zu erfüllen.[28] Angesichts der anthropologischen Hintergründe verwundert es nicht, daß der Einfluß von Unternehmenskultur auf die Mitarbeiter kaum zu überschätzen ist. Beim Wechsel des Unternehmens kann ein Mitarbeiter einen regelrechten Kulturschock erleiden, der zum persönlichen Scheitern führen kann, weil sich der Mitarbeiter in der fremden Kultur nicht zurechtfindet.[29] Wer von einer Unternehmenskultur in eine andere wechselt, braucht selbst eine neue Ich-Identität – die sich nicht immer wie gewünscht einstellen mag, wenn die Kluft zwischen beiden Kulturen zu groß ist.

Auch die Bildung kollektiver Identität kann mißlingen; oder die erworbene Identität eines Unternehmens kann verlorengehen. Dann entstehen Unternehmen ohne Identität. Das identitätslose Unternehmen kennt keine geteilten Normen mehr; in den Augen seiner Mitarbeiter und Geschäftspartner ist es ein-

---

26 Vgl. BROCHER, T. (1980), a.a.O., S. 87.

27 Vgl. hierzu im einzelnen SCHEIN, E. (1985), a.a.O., Abschnitt 8.

28 Vgl. OUCHI, W.G. (1981), Theory Z – How American Business Can Meet Japanese Challenge, Reading/Mass. u.a. 1981, S. 41f.

29 Vgl. DEAL, T.E./KENNEDY, A.A. (1982), Corporate Cultures – the Rites and Rituals of Corporate Life, Reading/Mass. u.a. 1982, S. 16.

fach nichts Besonderes. Etwas Entscheidendes fehlt ihm, es ist nicht mehr attraktiv für fähige Mitarbeiter – und damit nicht widerstandsfähig. Das ist der Anfang vom Ende.

Erst Identität nämlich – das Sich-selbst-gleich-sein – gibt auch dem Unternehmen inneren Halt. Es muß ständig enorme Spannungen aushalten und dazu in sich selbst ruhen. Um sich schnell orientieren und entschlossen handeln zu können und als Partner verläßlich zu sein, muß es über eine gesicherte Identität verfügen: es muß sich seiner selbst gewiß, und das heißt, an gewachsenen Werten orientiert und in diesem Sinne langsam sein. Identitätslosigkeit ist hohem Blutdruck vergleichbar. Sie tut nicht weh. Aber wenn es hart auf hart geht, dann folgt der Infarkt. Einem Chamäleon gibt niemand Kredit.

Transaktionskosten als Reibungsverluste

Jetzt komme ich auf einen ganz anderen Aspekt der Langsamkeit in einer Wirtschaft zu sprechen, den wir dem Nobelpreisträger *Ronald H. Coase* verdanken. Es geht um die *Transaktionskosten*. Die neoklassische ökonomische Theorie kennt diese Kategorie und damit auch Langsamkeit nicht. Sie kreist um die beiden Pole Haushalt und Unternehmen, die sich aber, bei Licht betrachtet, in ihrem Lehrgebäude als dimensionslose Punkte erweisen. Diese Theorie braucht den *Haushalt*, weil von ihm die Nachfrage ausgeht, die erklärt werden muß. Umgekehrt wird das *Unternehmen* benötigt, weil es für die Produktion und damit für das *Angebot* zuständig ist. Angebot und Nachfrage bestimmen das Marktergebnis; und deshalb kommt diesen beiden Polen innerhalb des Gebäudes der neoklassischen Theorie eine tragende Rolle zu. Die Theorie versäumt es aber, beide Pole *als Institutionen* zu sehen.

Im wirtschaftlichen Bereich entsprechen die Transaktionskosten den *Reibungsverlusten* physikalischer Systeme. Als Transaktion bezeichnen wir den Übergang eines Wertes über eine technisch separierbare Schnittstelle.[30] Wir haben es mit einem ökonomischen Grenzübergang zu tun. Die separierbare Schnittstelle kann als Wertgrenze interpretiert werden, an der eine Wertsphäre endet und eine andere beginnt.[31] Wenn der Wert im Zuge einer Transaktion die Grenze überschritten hat, könnte der Empfänger an der Schnittstelle die beiden Sphären voneinander separieren und den Transfer des Gegenwertes unterlassen; oder er könnte im Gegenzug heimische Werte herausgeben, die aber in der Fremdsphäre keinen Wert haben, d.h. nicht konvertibel sind. Vorkehrungen sind nötig, um sich gegen solchen Mißbrauch abzusichern; und diese Vorkehrungen sind institutioneller Art. Besonders wichtig werden sie, wenn es sich nicht um einzelne Transaktionen handelt, sondern um lange Transaktionsketten, die hohe Investitionen erfordern. Wenn die Kette abreißt, sind solche Investitionen verloren. Da man auf diese Weise vom Wohlverhalten des Transaktionspartners abhängt, ist die Neue Institutionenökonomik – die sich mit diesen Zusammenhängen beschäftigt – zugleich eine Ökonomik von Abhängigkeiten.

Die arbeitsteilige Wirtschaft ist nun von einem engmaschigen Netz fortwährender Transaktionen durchzogen, die nicht reibungslos erfolgen, sondern Kosten verursachen. Diese ergeben sich nicht zuletzt aus dem Erfordernis der institutionellen Absicherung. So entsteht aus Reibungsverlusten Langsamkeit. Ohne ein geeignetes institutionelles Umfeld werden die Reibungsverluste zu hoch. Transaktionskostenhürden legen sich über den Markt, der dadurch zum Erliegen kommen kann. Jetzt geht die

30   Vgl. WILLIAMSON, O.E. (1985), The Economic Institutions of Capitalism – Firms, Markets, Relational Contracting, New York, London 1985, S. 1f.
31   Vgl. BONUS, H./RONTE, D. (1991), Die Wa(h)re Kunst – Markt, Kultur und Illusion, Erlangen u.a. 1991, K 128–131; BONUS, H./RONTE, D. (1992), Transaktionen, Konventionen, Kunst, in: Homo Oeconomicus IX 2, 1992, S.195–197.

die Langsamkeit in Starrheit über. Damit eine Marktwirtschaft entstehen und erhalten bleiben kann, ist eine Vertrauenskultur erforderlich, welche die Transaktionskosten hinreichend niedrig hält. Pacta sunt servanda: eine solche kulturelle Tradition ist unbezahlbar, weil sie glaubhafte Bindungen ermöglicht. Hierher gehören auch Treu und Glauben und die Sitte, daß man sein Wort hält. In diesem Zusammenhang erweist es sich als fatal, daß der reale Sozialismus durch allgemeines Mißtrauen geprägt war.

Die Coase-Welt

Ronald H. Coase, der Entdecker der Transaktionskosten,[32] machte in seinem berühmten Aufsatz *The Problem of Social Cost*[33] ein Gedankenexperiment. Er nahm die neoklassische Theorie gewissermaßen beim Wort, indem er das, wovon sie stillschweigend ausgeht, nunmehr explizit als besonders bemerkenswerte und diskutable Prämisse einführte, nämlich die Abwesenheit von Transaktionskosten. Das Ergebnis war erstaunlich und führte weltweit zu jahrzehntelangen, erhitzten Debatten. Die *Coase-Welt* war geboren – die Welt der Neoklassik – jetzt aber gesehen mit einem durch Kenntnis der Transaktionskosten geschärften Blick.

Ohne Transaktionskosten, so zeigte Coase, braucht man weder Institutionen noch Verträge.[34] Der Grund ist, daß etwaige Fehler sofort erkannt und entsprechend korrigiert werden. Zu Abhängigkeiten kann es nicht kommen, weil man durch nichts

32 Vgl. COASE, R.H. (1937), The Nature of the Firm, in: Economica N.S. 4, 1937, S. 386–405.

33 Vgl. COASE, R.H. (1960), The Problem of Social Cost, in: Journal of Law and Economics 3, 1960, S. 1–44.

34 Vgl. hierzu auch COASE, R.H. (1988), The Firm, the Market and the Law, Chicago, London 1988, S. 14f.

gehalten wird und das unheilträchtige Arrangement im Handumdrehen revidieren kann. Wo heute Firmen operieren, um Transaktionskosten einzusparen, da würden sich in der Coase-Welt blitzschnell Teams zusammenfinden, deren Zusammensetzung sich rasch an wachsende Begebenheiten anpassen würde. Solche Teams wären stets optimal komponiert und würden sich durch ein charakteristisches Profil komparativer Vorteile – durch ein jeweils charakteristisches Talentmix – voneinander abheben. Solche Teams brauchten sich nicht wechselseitig durch Verträge abzusichern, weil jeder Abgang eines Mitglieds unmittelbar durch einen neuen Zugang kompensiert würde. Die Produktionsteams wären auch an keinen besonderen Ort gebunden, ja ihre Mitglieder brauchten nicht einmal in derselben Region zu arbeiten, da es Transportkosten – eine besondere Form von Transaktionskosten – nicht gäbe.

Michael Jensen[35] bringt ein schönes Beispiel für virtuelle Organisationen. In solchen Konfigurationen kommt man zusammen – und sei es durch Telekommunikation –, um eine bestimmte Aufgabe zu erledigen. Danach geht man auseinander und wendet sich anderen Aufgaben zu. Man arbeitet für diesen einen Zweck mit den dafür am besten geeigneten Spezialisten zusammen und umgeht durch geeignete Standortwahl die Überregulierung, denen permanente Strukturen ausgesetzt sind. Hemmende Rigiditäten können etwa in weitgehenden Vorschriften bestehen, aber auch in starren Hochlohnstrukturen und in starkem Gewerkschaftsdruck. Aufgrund von enormen Verbesserungen in der Telekommunikation (Computer-Netzwerke, electronic mail, Telekonferenzen und nicht zuletzt Telefax) kommt es viel weniger als früher darauf an, wo man sich geographisch aufhält. Das

---

35 Vgl. JENSEN, M. (1993), Presidential Address: The Modern Industrial Revolution and the Challenge to Internal Control Systems, in: The Journal of Finance 48, 1993, S. 831–880.

von Jensen betreute Journal of Finance hat sieben Herausgeber an drei verschiedenen Universitäten der USA. Das Redaktionsbüro befindet sich wiederum an einem anderen Ort in den USA; der Verleger sitzt in Holland, der Druck erfolgt in Indien, und Versand wie Rechnungswesen operieren von der Schweiz aus. So etwas wäre früher unmöglich gewesen und ergibt sich im Gefolge dramatisch gesunkener Transaktionskosten.

Ronald H. Coase, der Entdecker der Transaktionskosten, hat die neoklassische Position ad absurdum geführt, indem er demonstrierte, daß eine Welt ohne Transaktionskosten ebenso fremdartig wäre wie eine physikalische Welt ohne Reibungsverluste, in der es bekanntlich das perpetuum mobile gibt. Alle wirtschaftlichen Prozesse könnten in dieser Welt so beschleunigt werden, daß eine Ewigkeit innerhalb von Nanosekunden zu erleben wäre. Diese denkwürdige und künstliche Welt, so Coase, ist nichts anderes als die Welt der Neoklassik. In ihr brauchte man keine Institutionen, man brauchte keine Langsamkeit.

Man täusche sich nicht: als Asymptote ist die neoklassische Position – jetzt aber als Coase-Welt gesehen – gleichwohl von höchster Aktualität. Diese einigermaßen gespenstige Welt ohne Transaktionskosten – eine Welt ohne Langsamkeit – ist in raschem Vordringen begriffen, während andererseits die Transaktionskosten und mit ihnen die Langsamkeit ebenfalls zunehmen. Wallis und North haben berechnet,[36] daß die Transaktionskosten in den USA 1970 über 45 Prozent des Sozialprodukts ausmachten. Sie haben deutlich zunehmende Tendenz: 1870 waren es in den USA nur 25 Prozent des Sozialprodukts. In einer solchen Welt kommt es allerdings sehr auf Institutionen an.

---

36 Vgl. WALLIS, J.J./NORTH D.C. (1986), Measuring the Transaction Sector in the American Economy, 1870–1970, in: ENGERMANN, S.L. und GALLMANN, R.E. (Hrsg.), Long-Term Factors in American Economic Growth, Chicago 1986.

Dies wollte Coase demonstrieren. Indem er gewissermaßen im luftleeren Raum die eigenartigen Gesetze einer Welt ohne Institutionen aufzeigte, wollte er verdeutlichen, von welch großer Bedeutung Institutionen tatsächlich sind, und daß man sie in der ökonomischen Analyse explizit berücksichtigen muß, um zu realitätsnahen Ergebnissen zu gelangen. So entstand die Neue Institutionenökonomik.

Die Coase-Welt, die aus der Überzeichnung der neoklassischen Fehler entstand, ist gleichwohl von großer theoretischer Bedeutung – und vor allem von dramatisch wachsender Aktualität. Sie nimmt nämlich in dem Maße Züge der Realität an, wie die Transaktionskosten sinken. Dies ist, wie gesagt, dem allgemeinen Trend zuwider augenblicklich in vielen Bereichen der Fall. Die bereits erwähnte virtuelle Organisation ist ein Geschöpf der Coase-Welt. Auf den internationalen Finanzmärkten breitet diese Welt sich rasant aus; und tatsächlich werden in einigen Märkten Firmen und Organisationen durch rasch wechselnde und kurzlebige Teams ersetzt. Es kommt zu einem Langsamkeitsschwund, dessen Folgen heute niemand von uns übersehen kann.

EPIDEMIE DES ZEITWETTBEWERBS

Klaus Backhaus
Kai Gruner

Grenzen der Beschleunigung

»Time is money«. Wie treffender als mit dieser Aussage könnte man die Bedeutung des Faktors Zeit für das Wirtschaftsleben darstellen? Zeit ist Geld, das bedeutet zunächst, daß Zeit als ein knappes Gut angesehen wird. Entsprechend spielen Zeitaspekte in den Wirtschaftswissenschaften seit jeher eine große Rolle. Allerdings wird Zeit hier als eine konstant und gleichmäßig ablaufende Größe angesehen. Man verwendet Zeit traditionell als quasi neutrale Bezugsgröße für vielfältige wirtschaftliche Vorgänge wie Lohnbemessung, Beurteilung von Transportwegen oder Rentabilität von Investitionen.

In den aktuellen Diskussionen um die Erlangung von Wettbewerbsvorteilen jedoch wird Zeit vor allem unter Beschleunigungsaspekten diskutiert. Schlagworte wie »Schneller werden«, »Beschleunigung der Prozesse«, »verkürzte Innovationszyklen« beherrschen die Schlagzeilen.[1] Auch »Time Based-Management«, »Simultaneous Engineering« und »Verkürzung der Entwicklungszeiten« sind aktuelle Themen. Die Konzepte dienen dazu, im offenbar schneller werdenden Wettbewerbsgeschehen mithalten zu können. Zeit ist so von einer Bezugsgröße zu *dem* Wettbewerbsfaktor in der aktuellen strategischen Wettbewerbsdiskussion geworden.[2]

Bei der Konzentration auf den Beschleunigungsaspekt der Zeit wird von den Wirtschaftswissenschaftlern manchmal übersehen, daß der Energieaufwand für die Beschleunigung träger Massen — und wer würde wirtschaftliche Systeme nicht als solche bezeich-

---

1   Vgl. LITTLE, A.D. (Hrsg.) (1989), Management der Hochleistungsorganisation, Wiesbaden 1989, S. 61ff.; BANDLE, A. (1993), Beschleunigtes Rennen um Wettbewerbsvorteile, in: Neue Züricher Zeitung, 03.03.1993, S. 21.
2   Vgl. STALK, G. (1988), Time – The Next Source of Competitive Advantage, in: Harvard Business Review, 4 (1988), S. 41–51.

nen – mit zunehmender Geschwindigkeit überproportional steigt. Schon von daher kann eine Beschleunigung bei begrenztem Ressourceneinsatz nicht ad infinitum fortgesetzt werden. Außerdem wird das Moment des beschleunigten Systems mit zunehmender Geschwindigkeit größer, was Richtungsänderungen immer schwieriger werden läßt. Die Steuerbarkeit degeneriert auf das Maß der Manövrierfähigkeit eines Tankers.

Fortgesetzte Beschleunigung im Wirtschaftsleben hat offenbar nicht nur Vorteile, sondern beinhaltet auch Risiken. Auch wenn die Vorteile, die aus dem Zeitvorsprung gegenüber der Konkurrenz gezogen werden können, unmittelbar evident sind, stellt sich doch die Frage, zu welchem Ende die Beschleunigungseuphorie führt.

Und sie beschleunigen immer weiter

Beschleunigung ist in, Entschleunigung ist out. Eine der Branchen, in denen die Beschleunigung auf höchstem Niveau läuft, ist die Mikroelektronik-Industrie.[3] Die Fortschritte auf technologischem Gebiet vollziehen sich hier mit einer solchen Geschwindigkeit, wie sie bisher praktisch noch nie zu beobachten war. Die Folge davon ist, daß sich nicht nur die Halbwertzeit des Wissens in Forschung und Entwicklung mehr als halbiert hat, sondern auch, daß permanent eine Flut neuer Produkte die Märkte überschwemmt und so die vorherige Generation immer schneller ablöst. Beispielsweise hat es sich inzwischen fast als Gesetzmäßigkeit etabliert, daß alle zwei Jahre Speicherchips marktreif werden, die die vierfache Speicherfähigkeit ihrer Vorgängergenerati-

---

3   Vgl. BECKURTS, K.H. (1986), Technischer Fortschritt, Herausforderung und Erwartung, Berlin, München 1986, S. 214ff.

on bieten. Das bedeutet, daß sich die Speicherfähigkeit der Chips im Zeitverlauf exponentiell entwickelt.

Solange die Leistungssprünge für den Nachfrager evident sind, ist es leicht nachvollziehbar, daß von den Nachfragern jeweils bevorzugt die neueste Produktgeneration gekauft wird, so daß die alten Generationen schnell von den neuen kanibalisiert werden. Der jeweilige Marktpionier, der die neue Leistungsgeneration als erster einführt, hat damit einen großen Vorteil gegenüber der Konkurrenz.[4] Bei wenig differenzierbaren Leistungen innerhalb einer Produktgeneration (wie bei Speicherchips) einerseits und für den Kunden klar erkennbaren Vorteilen der neuen Generation (vervierfachte Speicherfähigkeit jeder neuen Chipgeneration) andererseits ist die Pionierposition unter den Anbietern begehrt. Es beginnt ein (Zeit-) Wettlauf um die Pionierposition:[5] Eine Beschleunigung der Marktprozesse ist vorprogrammiert.

Das Bestreben aller, Pionier sein zu wollen, verstärkt die Tendenz, die Marktverweilzeit alter Leistungsgenerationen bzw. deren Produktlebenszyklen zu verkürzen. Der Wettbewerbskampf konzentriert sich überwiegend auf den Zeitfaktor, so daß Zeit zum alles entscheidenden Wettbewerbsfaktor wird.

Der amerikanische Hersteller von Mikroprozessoren für PCs, Intel, liefert ein Musterbeispiel für diese Entwicklung: Intel hat im Laufe der Jahre sukzessive die Prozessoren 8086, 80286, 80386, 80486 und neuerdings den Pentium entwickelt und auf den Markt gebracht. Die Prozessoren boten, in einem komplexen Zusammenspiel von Hard- und Software, jeweils für eine Zeitlang den höchsten Kundennutzen am Markt. Für eine begrenzte Zeit hat die Firma so bei jeder Generation de facto eine

---

4   Vgl. BACKHAUS, K. (1992), Investitionsgütermarketing, 3. Aufl., München 1992, S. 198ff.
5   Vgl. KRUBASIK, E./STEIN, L. (1989), Reducing Time to Market boots the bottom line, in: Electronic Business, Vol. 15, 01.05.1989, S. 57–60.

Monopolstellung auf dem Weltmarkt gehabt.[6] Über die so realisierten hohen Stückzahlen setzte das Unternehmen den Marktstandard. Gleichzeitig erreichte man aufgrund der großen Stückzahlen einen hohen Fixkostendegressionseffekt.[7] Der große Zeitvorsprung versetzte Intel in eine fast unangreifbare Kosten- und Preisposition gegenüber der später folgenden Konkurrenz. Entsprechende Preiserosionen lassen sich in der Mikroelektronik an vielen Beispielen zeigen.[8] Intel geht in der Ausnutzung seines Zeit- und Mengenvorsprungs sogar so weit, zur Abschreckung von Konkurrenten zukünftige mengenbedingte Preissenkungen heute bereits anzukündigen und Bestellungen für Lieferungen zu den künftigen Konditionen heute schon anzunehmen (vgl. Abbildung 1).

Sobald andere Firmen später mit (teilweise geringfügig verbesserten) Nachbauten auf den Markt kamen, präsentierte Intel die nächste Generation. So konnte das Unternehmen der drohenden Konkurrenz entkommen, weil es gelang, die Nachfrage auf die neue Leistungsklasse hochzuziehen. Ein ähnlicher Effekt des Zusammenspiels von raschen, technologiebedingten Leistungssprüngen, die eine Pionierstellung erstrebenswert machen, und deutlichen Kostenvorteilen des Pioniers durch Mengeneffekte ist in fast allen Bereichen der Mikroelektronik zu beobachten.

Diese Entwicklung blieb jedoch keinesfalls auf die Mikroelektronik beschränkt. Vielmehr begann die Mikroelektronik viele

6   Vgl. o.V. (1994), PC-Branche von Intel-Chips abhängig, in: Computerwoche, 8 (1994), S. 1.
7   Vgl. COENENBERG, A./FISCHER, T. (1991), Prozeßkostenrechnung – Strategische Neuorientierung in der Kostenrechnung, in: DBW 1 (1991), S. 21–38, insb. S.32f.
8   Vgl. MARINGER, A. (1990), Preisverfall mikroelektronischer Bauelemente am Beispiel der DRAM-Speicherbauelemente, in: ZfbF 5 (1990), S. 423–439, insb. S429ff.

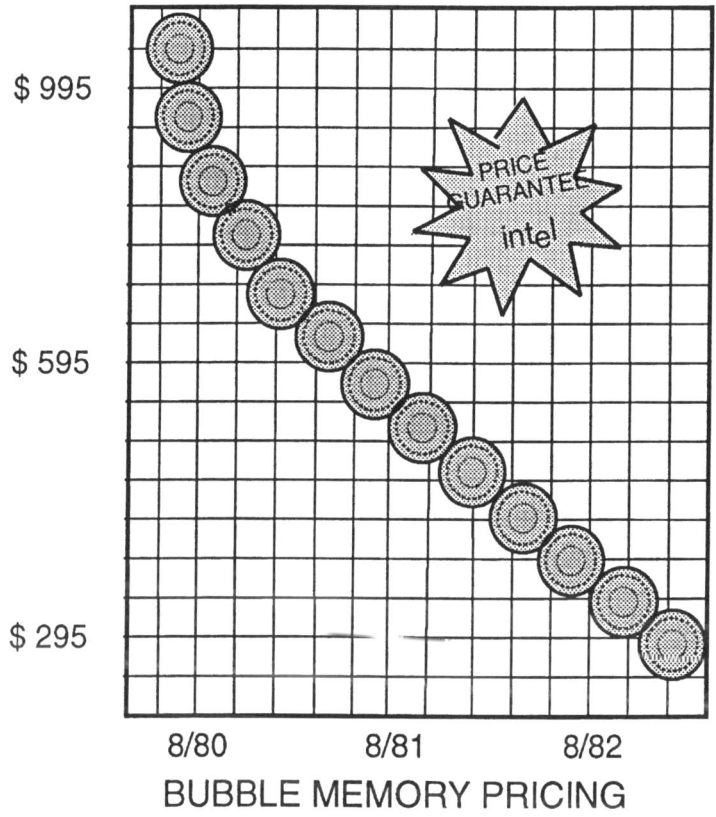

$ 995

$ 595

$ 295

8/80   8/81   8/82

BUBBLE MEMORY PRICING

Abb. 1: Intels Preisgarantie

andere Branchen zu revolutionieren oder sogar erst zu ermögli-
chen, wie z.B. den Massenmarkt der Unterhaltungselektronik.
Aufbauend auf mikroelektronischen Bauelementen entwickelte
oder veränderte sich eine Vielzahl neuer Produkte. Die Notwen-
digkeit, Erster und damit Schnellster zu sein, wurde auf diese
Weise aus den Märkten für elektronische Bauelemente in viele
Märkte für andere Produkte hineingetragen. Man denke nur an
Bereiche wie Fotoapparate, Videorecorder, Mikrowellenherde,
PCs, Hifi-Anlagen, Walkmans, oder auch Autos, Waschmaschi-

25

nen und Werkzeugmaschinen. Alle diese Bereiche wurden im Laufe der Zeit vom Beschleunigungssog der Mikroelektronik erfaßt. Das Phänomen des Beschleunigungsdrucks breitete sich aus wie eine Epidemie. Sie steckte sogar Bereiche an, in denen die Produktinnovationen relativ langsam und stetig verliefen, wie z.b. die Verfahrenstechnik. Der Trend zur Verkürzung der Produktlebenszeiten wurde in großen empirischen Untersuchungen für viele Branchen bestätigt.[9]

In der weiteren Entwicklung blieb die Beschleunigungswelle jedoch nicht auf das Ergebnis der Produktion, die Produkte, beschränkt. In zunehmendem Maße veränderte die Mikroelektronik auch die Produktionsprozesse selbst.[10] Speziell durch die Möglichkeiten der elektronischen Datenverarbeitung konnte man eine schnellere Handhabung größerer und komplexerer Systeme und Datenmengen erreichen. Dadurch wurden Unternehmen in die Lage versetzt, flexibler, und das heißt auch schneller, auf Veränderungen der Nachfrage zu reagieren. Über den Umweg der Veränderung von Produktionsprozessen gelangten also schließlich auch viele »low tech-Produkte« in den Beschleunigungssog.

Mit der Entdeckung des Faktors Zeit bzw. Geschwindigkeit eröffnete sich so eine neue Dimension und Chance zur Erlangung von Wettbewerbsvorteilen. Aufgrund der Neuigkeit des Instrumentes war es zudem für Unternehmen besonders erfolgsträchtig, über diese Schiene eine Wettbewerbsdifferenzierung durchzuführen, da die Konkurrenz auf diese Art des Wettbewerbs

---

9 Vgl. Droege, W.P.J./Backhaus, K./Weiber, R. (1993), Strategien für Investitionsgütermärkte, Landsberg/Lech 1993, S. 53ff.

10 Vgl. Backhaus, K./Weiss, P.A. (1988), Integration von betriebswirtschaftlich und technisch orientierten Systemtechnologien in der Fabrik der Zukunft, in: Adam, D. (Hrsg.), Fertigungssteuerung I, Wiesbaden 1988, S. 50ff.

in vielen Marktarenen nicht vorbereitet war.[11] Mittlerweile hat die Epidemie des Zeitwettbewerbs auf so viele Branchen übergegriffen und eine solche Dynamik erreicht, daß Zeit bzw. Geschwindigkeit neben den klassischen Differenzierungsinstrumenten, dem Preis und der Qualität, von vielen nicht nur als gleichberechtigt angesehen wird, sondern oft als die im Moment wichtigste und hervorstechendste Quelle zur Gewinnung von Konkurrenzvorteilen bezeichnet wird.[12]

Zeitwettbewerb im historischen Kontext

Wie der gesamte marktwirtschaftliche Wettbewerb, so sind auch die Quellen von Wettbewerbsvorteilen ständigen Veränderungen unterworfen. Zeitvorteile als Differenzierungsinstrument stehen noch nicht lange im Zentrum der Aufmerksamkeit.[13] Nimmt man als Beispiel für langfristig erfolgreiches, strategisches Marktverhalten die Verhaltensweisen der japanischen Industrie, so lassen sich seit dem zweiten Weltkrieg im Zeitverlauf verschiedene Orientierungen zur Erzielung von Wettbewerbsvorteilen identifizieren. Zunächst erlangte die japanische Industrie Erfolge, indem sie – basierend auf niedrigeren Lohnkosten – Nachbauten von bestehenden Produkten preisgünstiger anbot. Als die Lohnkostenvorteile im Laufe der Jahre schwanden, gelang es den japanischen Firmen, die günstige Kostenposition durch Kostendegressionseffekte aufgrund im Vergleich höherer Stückzahlen auf-

---

11 Vgl. STALK, G./HOUT, T. (1990), Zeitwettbewerb, Frankfurt, New York 1990, S. 15ff.
12 Vgl. u.a. STALK, G. (1988), a.a.O., S. 41; HIRZEL, Leder & Partner (Hrsg.) (1992), Speed-Management, Wiesbaden 1992, S. 49ff.
13 Vgl. STALK, G. (1988), a.a.O., S. 41ff.

rechtzuerhalten. Eine konsequente Fortsetzung dieser Politik war es, sich in einem weiteren Schritt auf die Produktion von wenigen Standardvarianten eines Produktes zu beschränken. Die so entstandenen fokussierten Fabriken konnten aufgrund einer hohen Produktivität durch eine reduzierte Variantenzahl, verbunden mit reduziertem Planungs-, Verwaltungs- und Organisationsaufwand, aufs neue Kostenvorteile im Konkurrenzvergleich erzielen.

Als auch diese Vorteile sich im Wettbewerb nicht länger aufrechterhalten ließen, wechselten die Japaner erneut die Strategie, indem sie als erste in großem Umfang sogenannte flexible, computergestützte Fertigungssysteme einsetzten. Mit Hilfe solcher neuen Produktionssysteme gelang es erstmals, wieder eine höhere Anzahl von Varianten in geringeren Stückzahlen produzieren zu können, ohne dadurch auf der Kostenseite gegenüber den herkömmlichen Fertigungssystemen der Konkurrenz in Nachteil zu geraten. Vielfalt wurde somit zur Quelle von Wettbewerbsvorteilen.

Um diese Vielfalt an Varianten bzw. Produkten anbieten zu können, muß man unabhängig von der Kostenseite der Produktion schneller entwickeln und vermarkten als die Wettbewerber. Damit war also der Grundstein gelegt für die momentan aktuelle Strategie vieler, nicht nur japanischer Firmen: Erzielung von Wettbewerbsvorteilen aufgrund von Zeitvorteilen und Geschwindigkeit.

Flops mit System

Die Vorteile, die ein Unternehmen erlangen kann, wenn es schneller am Markt agiert als die Konkurrenz, liegen auf der Hand. Im Rausch des »Beschleunigungsfiebers« werden aber auch manche Probleme zugekleistert, die in Zukunft neu oder verstärkt aufbrechen werden.

Obwohl sich die Marktpräsenzzeiten der Produkte vieler Branchen in den letzten Jahren z.T. signifikant verkürzt haben,[14] haben sich aufgrund steigender Komplexität der Systeme die Entwicklungszeiten bis zur Marktreife oftmals erhöht. Dadurch ist in manchen Branchen bereits die Situation eingetreten, daß die Entwicklungszeiten länger sind als die Marktpräsenzzeiten.

Rein logisch stellt dies kein besonderes Problem dar, denn man kann ein Produkt durchaus fünf Jahre entwickeln und dann nur ein Jahr lang vermarkten. Die Auswirkungen für das betroffene Unternehmen allerdings sind dramatisch. Zum einen sind steigende Entwicklungszeiten ein indirekter Indikator für steigende Entwicklungskosten. Bei sich verkürzenden Produktlebenszyklen bleibt damit ein ständig schmaler werdendes Zeitfenster, um permanent anwachsende F&E-Ausgaben zu amortisieren, was das unternehmerische Risiko erhöht.[15]

Zum anderen entsteht das sogenannte Problem der Mehrgenerationenentwicklung. Man muß bei einer Konstellation kürzerer Vermarktungs- als Entwicklungszeiten mehrere Produktgenerationen gleichzeitig zeitversetzt entwickeln, um nach Ende des Produktlebenszyklus einer Generation die nächste bereits marktreif zu haben. Dies birgt dann große Risiken in sich, wenn die verschiedenen Generationen technologisch aufeinander aufbauen, was heute in sehr vielen Bereichen gegeben ist. In diesem Fall programmiert ein Marktflop einer Generation auch das Scheitern der kommenden Generationen vor, da sie auf der mißlungenen Version aufsetzen. Es entfällt die Möglichkeit einer Korrektur und des rechtzeitigen feed back vom Markt. Es entsteht ein Dominoeffekt, der das gesamte Unternehmen gefährden kann und wird.

---

14 Vgl. DROEGE, W.P.J./BACKHAUS, K./WEIBER, R. (1993), a.a.O., S. 53ff.; QUALLS, A./OLSHAVSKY, R./MICHAELS, R. (1981), Shortening of the PLC – an empirical test, in: Journal of Marketing, III (1981), S. 76–80.
15 Vgl. BULLINGER, H.-J. (1990), Integrierte Produktentwicklung, in: Handelsblatt Dokumentation, Düsseldorf 1990, S. 3–5.

Die Nach-Beschleunigungswelt:
Beschleunigung in der Simulationswerkstatt

Viele Unternehmen täten gut daran, im Rausch des Beschleunigungsfiebers in klaren Momenten zu hinterfragen, was nach Ende der Beschleunigungsprozesse passieren wird. Die Perspektiven sind z.T. erschreckend, wie Simulationen einer Post-Beschleunigungswelt zeigen.

Von Braun hat hierzu ein Simulationsmodell unter relativ engen Prämissen entwickelt.[16] Aufbauend auf diesem Grundmodell lassen sich verschiedene Szenarien für die Nachbeschleunigungswelt verdeutlichen. Betrachtet wird in unserem Modell der Gesamtumsatz eines Unternehmens, das mehrere Produkte verschiedenen Alters gleichzeitig vermarktet. Für jedes der Produkte wird ein Umsatzverlauf gemäß einer idealtypischen Produktlebenszykluskurve unterstellt (vgl. Abbildung 2).

Zunächst sei angenommen, daß die Produkte einander insoweit ähnlich sind, daß sie alle die gleiche Produktlebenszeit haben und während dieser Zeit den gleichen Gesamtumsatz erzielen. Ferner sei vorausgesetzt, daß das Unternehmen noch nicht beschleunigt, sondern die einheitliche Produktlebenszeit zunächst 10 Jahre beträgt. Die neuen Produkte sollen in einem konstanten – hier einjährigen – Rhythmus auf den Markt kommen. Dadurch ergibt sich für das Unternehmen eine Abfolge von Umsatzverläufen für die verschiedenen Produkte, wie sie in Abbildung 3 dargestellt ist.

Für das ganze Unternehmen ergibt sich der Verlauf des Gesamtumsatzes durch Kumulierung der einzelnen Umsatzkurven (Abbildung 4).

---

16   Vgl. Braun, C.-F. von (1994), Der Innovationskrieg, München, Wien 1994.

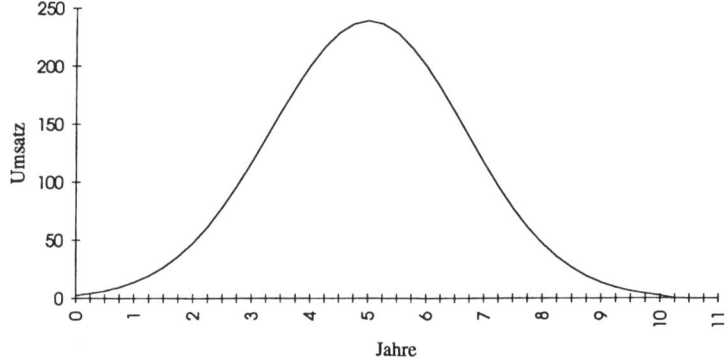

Abb. 2: Idealtypischer Verlauf der Produktlebenszykluskurve

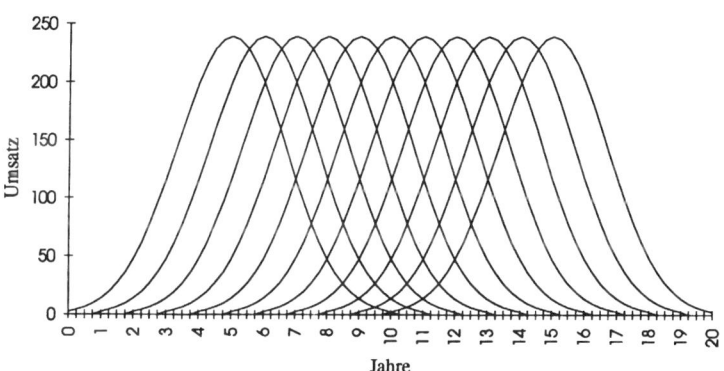

Abb. 3: Zeitliche Verläufe der einzelnen Umsatzkurven

Nach einer anfänglichen Einschwingphase nach Gründung des Unternehmens erreicht der Umsatz einen konstanten Wert. Für jedes Produkt, das aus dem Markt ausscheidet, wird ein neues eingeführt, wodurch diese Konstanz im Umsatzverlauf zustandekommt.

Ausgehend von diesem Modell mit seinen sehr engen Prämissen und Annahmen sollen im folgenden verschiedene Möglichkeiten der Beschleunigung von Produktlebenszyklen dargestellt werden. Die anfängliche Einschwingphase bis zum Erreichen des

31

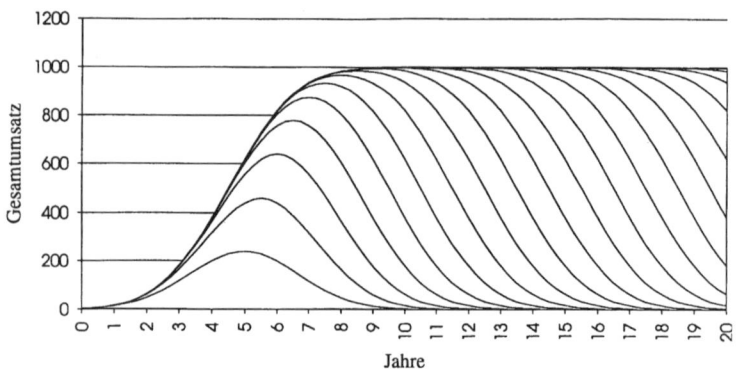

Abb. 4: Umsatzverlauf des Unternehmens

konstanten Zustands wird dabei im weiteren nicht mehr betrachtet.

Szenario 1: Der Strohfeuer-Effekt

Beschleunigung führt zur Verkürzung von Lebenszyklen. Um die Auswirkungen sich verkürzender Produktlebenszyklen zu untersuchen, werden in einem ersten Schritt die Produktlebenszyklen stufenweise von 10 auf 6 Jahre verkürzt. Anschließend sollen die Produktlebenszeiten bei konstant 6 Jahren verharren. Hintergrund dieser Annahme ist die Überlegung, daß jeder Beschleunigungsprozeß einmal zu Ende gehen muß und sich anschließend auf ein wo auch immer befindliches Niveau einpendelt.

Es wird zunächst angenommen, daß der Umsatz während der Lebenszeit eines Produktes und damit die Fläche unter der Lebenszykluskurve konstant bleibt. Zum Vergleich sind in Abbildung 5 ein 10-jähriger und ein 6-jähriger Verlauf gegenübergestellt.

Abbildung 6 zeigt den Gesamtumsatzverlauf des Unternehmens. Nach einem beschleunigungsbedingten Anstieg des Gesamtumsatzes fällt der Umsatz nach Erreichen des neuen kon-

32

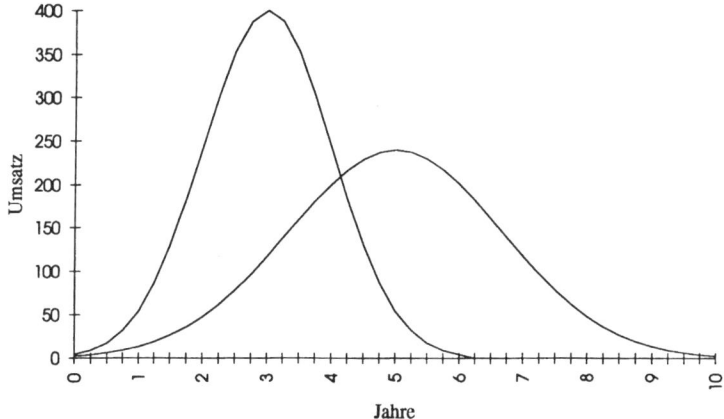

Abb. 5: Umsatzverlauf bei 10- bzw. 6-jährigem Produktlebenszyklus

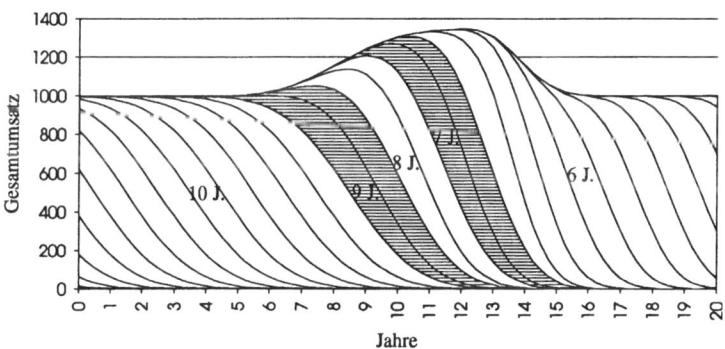

Abb. 6: Umsatzverlauf bei Verkürzung der PLZen von 10 auf 6 Jahre

stanten 6-Jahres-Rhythmus wieder auf den alten Wert zurück. Die Beschleunigung hat somit außer einem »Strohfeuer« nichts gebracht.

Szenario 2: Der Absturzeffekt bei Pseudowachstum

In einem nächsten Schritt soll bei dem gleichen Verkürzungs-prozeß die realitätsnähere Annahme getroffen werden, daß in einem 6 Jahre langen Zeitfenster nicht der gleiche Umsatz getätigt werden kann wie in 10 Jahren, sondern daß der Umsatz mit der Verkürzung der Marktzeit unterproportional fallen wird. Diese Annahme ist durchaus sinnvoll, wie man sich am Extremfall des Vergleichs eines 50-jährigen Produktlebenszyklus mit einem 1-jährigen veranschaulichen kann. Es wäre unrealistisch anzunehmen, daß in einem Jahr die gleiche Menge abgesetzt werden kann wie in 50 Jahren. Unter dieser Prämisse erhält man das Ergebnis, daß auch hier zunächst der beschleunigungsbedingte Umsatzzuwachs eintritt, nach Erreichen der neuen Lebenszyklus-dauer von 6 Jahren der Umsatz aber sogar unter das alte Niveau fällt (vgl. Abbildung 7).

Damit läßt sich als erstes Ergebnis festhalten, daß der zunächst ansteigende Umsatz nach Beendigung der Beschleunigungspha-se einen Einbruch erleidet und u.U. auf ein niedrigeres als das Anfangsniveau zurückfällt. Für das Management besonders dra-matisch ist die Tatsache, daß der Umsatzrückgang nach Ende der Beschleunigung wesentlich abrupter vor sich geht als der Anstieg zu Beginn.

Der Rückgang ist darauf zurückzuführen, daß kein echtes Wachstum stattgefunden hat; schließlich sind die Umsätze pro Produkt konstant geblieben bzw. sogar gesunken. Durch die Be-schleunigung hat nur eine Vorwegnahme zukünftiger Umsätze stattgefunden. Nach Ende des Beschleunigungsprozesses »fehlen« diese Umsätze dann, was zwangsläufig zu einem entsprechenden Umsatzrückgang führen muß.

Man kann aus diesem Ergebnis lernen, daß man unterschei-den muß zwischen echten Wachstumsprozessen und »Pseudo-wachstum«, wie es durch Beschleunigungsprozesse entsteht. Hier-bei werden lediglich Umsätze, die sich eigentlich erst in der Zu-

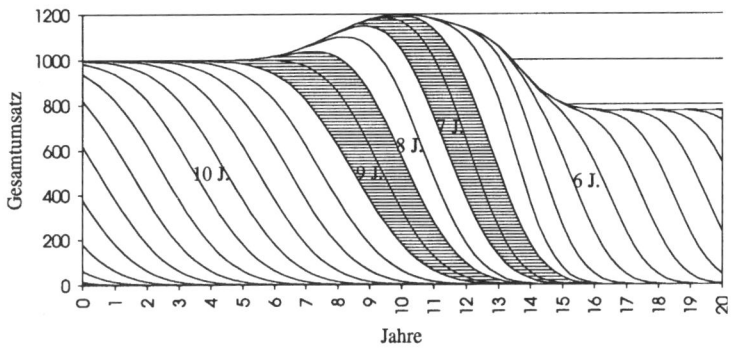

Abb. 7: Umsatzverlauf bei Verkürzung der Produktlebenszyklen und unterproportional fallenden Umsätzen

kunft einstellen würden, vorweggenommen, weil man sonst befürchten muß, durch Konkurrenten, die immer neue Produkte einführen, aus dem Markt gedrängt zu werden. Aber die vorweggenommenen Umsätze fehlen in der Zukunft. Geräte, die man im nächsten Jahr hätte verkaufen können, sind nicht mehr abzusetzen, weil zuhause schon das neue Modell steht. Die Beschleunigung wurde mit dem Verzicht auf künftige Nachfrage erkauft. Um das Loch zu füllen, muß man wiederum neue Produkte auf den Markt werfen, die aber erneut zukünftige Umsätze vorwegnehmen. Letztlich gerät man in eine Beschleunigungsfalle, die für viele Unternehmen tödlich ausgehen kann, wenn das Ende der Beschleunigung erreicht ist. Wir werden dies in Zukunft noch verstärkt erleben.

Verstärkt wird dieser negative Effekt durch die gängige Planungspraxis vieler Unternehmen. Hierbei wird in bezug auf die zukünftige Umsatzentwicklung oft eine Extrapolation der Werte der vergangenen Jahre vorgenommen. Abbildung 8 zeigt, daß nach Ende der Beschleunigungsphase leicht ein Umsatzdefizit gegenüber der Planung von bis zu 50% auftreten kann. Die Auswirkungen für die Unternehmensführung und die Kapitalgeber

35

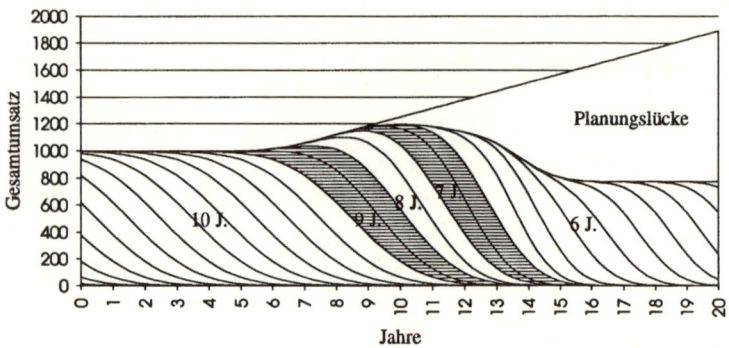

Abb. 8: Das Umsatzloch zwischen Planung und Realität

in bezug auf die langfristige Unternehmensplanung, die Investitionsplanung und Budgetierung sind dramatisch.

Szenario 3: Die beschleunigungsresistente Umsatzrutsche

Die Ambivalenz von Beschleunigungsprozessen liegt jedoch nicht nur in der Tatsache begründet, daß realistisch betrachtet jeder Beschleunigungsprozeß einmal ein Ende haben muß. Im Sinne einer »Nach mir die Sintflut«-Einstellung könnte man darauf bauen, daß das Ende der Beschleunigungsphase nicht mehr zu Zeiten der eigenen Verantwortung erreicht wird, und schließen, daß man ungeniert das Tempo erhöhen kann, um die Umsatzsteigerungen als sein eigenes Verdienst zu verbuchen.

Aber lassen wir uns nicht täuschen: Selbst eine sich immer weiter fortsetzende Beschleunigung bewirkt auf Dauer Probleme. In Abb. 9 ist der Gesamtumsatz eines Unternehmens dargestellt, das beginnend mit einer Marktpräsenzzeit seiner Produkte von 10 Jahren anfängt, die Produktlebenszeiten zu verkürzen. Im dargestellten Fall verkürzt das Unternehmen die Produktlebenszeiten jährlich um konstant 5%, also entsprechend einer geometrischen Reihe. Diese Beschleunigung in Form eines gleich-

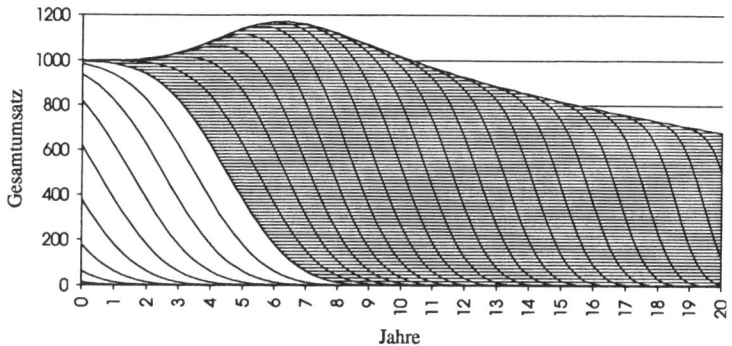

*Abb. 9: Kontinuierliche Verkürzung der Produktlebenszyklen
um jährlich 5%*

bleibenden Prozentsatzes anstatt eines konstanten absoluten
Wertes wie bei einer arithmetischen Reihe ist aus naheliegenden
Gründen sinnvoll, da letztere sehr bald die Nullinie durchstoßen
würde. Die Gesamtabsatzmenge eines Produktes soll wieder unterproportional zur Marktpräsenzzeit fallen. Die Markteinfüh-
rungszeitpunkte bleiben weiterhin konstant.

Man erkennt, daß der schon bekannte beschleunigungsbedingte Umsatzanstieg sich recht bald in einen kontinuierlichen Umsatzrückgang verwandelt, obwohl das Unternehmen weiterhin
von der jeweiligen Situation aus nicht nur die Produktlebenszyklen um den gleichen Prozentsatz beschleunigt, sondern gleichzeitig unter hohem Ressourceneinsatz die Neueinführungsinter-
valle verkürzt. Wir sehen also: Selbst fortgesetzte Beschleunigungsprozesse können nicht verhindern, daß das Unternehmen nach
der Beschleunigungseuphorie wieder auf den Boden der Tatsa-
chen zurückgeholt wird. Auch bei unendlich fortgesetzter Beschleunigung ist kein andauerndes Umsatzwachstum zu realisieren.

Szenario 4: Die Konditionsfalle: »Unter ferner liefen« im Hauptfeld

Natürlich bergen Beschleunigungsprozesse nicht nur Risiken in sich, sondern auch Chancen. Eine dieser Chancen, auf die ein beschleunigendes Unternehmen setzt, kann man vergleichen mit der Chance eines Radrennfahrers, der ein paar Kilometer vor dem Ziel den Spurt beginnt: Er hofft, daß viele der Konkurrenten mangels Kondition den Spurt nicht mitziehen können und erschöpft das Rennen um den Tagessieg aufgeben. Übertragen auf den Marktwettbewerb heißt das: Das Unternehmen hofft, daß durch das hohe Innovationstempo ein Marktbereinigungsprozeß stattfindet. Dadurch wären am Ende der Beschleunigung nur noch sehr wenige Konkurrenten am Leben, die dann den Markt unter sich aufteilen und einen entsprechend größeren Marktanteil erobert haben. In Abbildung 10 ist eine solche Situation simuliert. Wieder findet eine Beschleunigung von 10 auf 6 Jahre statt. Diesmal allerdings wird angenommen, daß sich die Anzahl der Anbieter am Markt im Laufe des Beschleunigungsprozesses reduziert, so daß am Ende nur noch halb so viele Konkurrenten am Markt vertreten sind wie am Anfang. Dadurch verdoppelt sich für das betrachtete Unternehmen im eingeschwungenen Zustand der Marktanteil und damit auch der Umsatz.

Wie man sieht, ist dieses Szenario für das Unternehmen sehr reizvoll. Allerdings lauern auch manche Fallstricke. Den ersten erkennt man sehr leicht aus Abbildung 10. Auch wenn sich der Gesamtumsatz schließlich auf höherem Niveau als zu Beginn einpendelt, erfolgt doch gegen Ende des Beschleunigungsprozesses ein Rückgang um immerhin ca. 20%. Wie bereits in Szenario 2 geschildert, kann das angesichts der gängigen Planungspraxis der Unternehmen fatale Folgen für Investitionsplanung, Budgetierung usw. haben.

Die eigentlichen Risiken jedoch werden deutlich, wenn man sich nochmals den Vergleich mit dem Radrennen vor Augen hält.

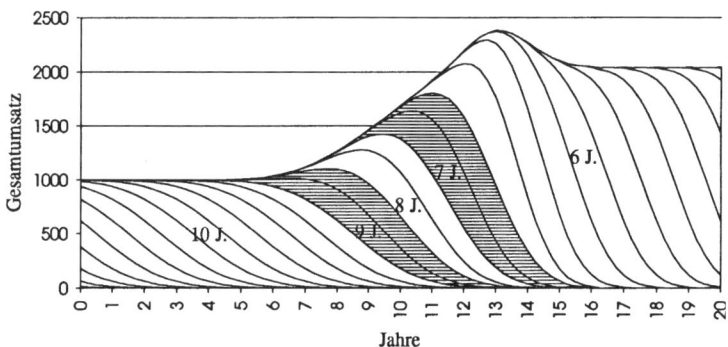

Abb. 10: Umsatzentwicklung bei Beschleunigung und gleichzeitigem
Anbieter-shake-out um 50%

Derjenige, der den Spurt beginnt, hofft, daß den anderen Teil-
nehmern das Tempo zu hoch ist. Er muß gleichzeitig aber sicher
sein, daß nicht er selbst mangels Kondition erschöpft aufgeben
muß und »unter ferner liefen« weit abgeschlagen im Hauptfeld
das Ziel erreicht. Viele Radrennen haben gezeigt, daß gerade der,
der den Spurt beginnt, besonders gefährdet ist, vorzeitig zu er-
schöpfen. Auch im Marktwettbewerb muß sich das beschleunigende Unternehmen der Gefahr bewußt sein, daß man die Kondition der Konkurrenten unterschätzt und dann selbst den Markt-
bereinigungsprozessen zum Opfer fällt.

Die zweite große Gefahr kommt aus dem Wettbewerbsrecht,
das – im Gegensatz zum Sport – eine zu starke Dominanz be-
stimmter Marktteilnehmer beschränkt. Sollte ein Unternehmen
die Beschleunigungswaffe so erfolgreich einsetzen, daß tatsächlich ein Großteil der Konkurrenten deutlich zurückbleibt, besteht die große Gefahr, daß das Unternehmen »wegen unfairen
Verhaltens« in einer marktbeherrschenden Stellung vom Schieds-
richter – den Wettbewerbshütern des Kartellamtes in Berlin –
mit einer Strafe belegt und im Extremfall disqualifiziert wird.
Gerade der Erfolg der Beschleunigung kann in ein Handikap
umschlagen, wenn er zu groß wird.

Das Unternehmen muß sich also auf die gefährliche Gratwanderung machen: Es muß weit vorne liegen, um im Spurt nicht abgehängt zu werden, darf aber nicht zu weit in Führung gehen, um nicht zurückgepfiffen zu werden. Man sieht, daß selbst bei einer an sich erstrebenswerten potentiellen Entwicklung (vgl. nochmals Abbildung 10) durchaus erhebliche Risiken bestehen.

Wenn Beschleunigung zum Selbstzweck wird

Im Rennen um die Beschleunigung von Marktprozessen verlieren offenbar manche Unternehmen den Zweck des Rennens aus dem Auge! Beschleunigung erfolgt dann nur noch, um zu beschleunigen; ganze Märkte verfallen einem Beschleunigungsfieber. Die Geschwindigkeit wird immer größer – so groß, daß die Nachfrager das Innovationstempo nicht mehr mithalten können. Untersuchungen in den USA mit japanischen Automobilen haben ergeben, daß Verbraucher bei einer Präsentation von mehreren Modellgenerationen z.B. nicht mehr in der Lage waren zu bestimmen, welches Auto der neuesten Generation, welches der vorigen usw. angehört. Ähnliche Aussagen gelten auch für die Unterhaltungselektronik und andere hochinnovative Branchen.

Wenn aber die Nachfrager ein neues Produkt nicht mehr als solches identifizieren können, ist die Innovation sinnlos. Durch eine Überforderung der Nachfrager stoßen auf diese Weise sich ständig verkürzende Produktlebenszyklen an ihre Grenze. Die Anbieter überholen sich quasi selbst.

Die Überforderung der Nachfrager gilt insbesondere für Produkte, die einen gewissen Lern- und Gewöhnungsprozeß erfordern, bis man sie problemlos handhaben und benutzen kann. Man denke nur an Probleme wie das oft zitierte Beispiel der Datumseinstellung am neuen Videorecorder, aber auch an anfängliche Schwierigkeiten mit neuen Fotoapparaten, Waschmaschinen, Küchengeräten und Tennisschlägern, ja selbst neuen

Schuhen, die eingelaufen werden müssen. Das bisher Gewohnte, das Vertraute, stellt für den Anwender einen Wert dar, den er nur ungern aufgibt und der ein Argument gegen eine Neubeschaffung darstellt. Nachfrager können und wollen nicht ständig umlernen. Normalerweise bringt ein neues Produkt einen so großen Vorteil gegenüber dem alten, daß der Wert der Gewohnheit leicht aufgewogen wird. Wird der Nachfrager aber veranlaßt, in immer kürzeren Zeitabständen auf eine neue Produktgeneration zu wechseln, so wird der Zeitraum, innerhalb dessen er die Früchte der anfänglichen Gewöhnung genießen kann, immer kleiner. Dadurch erhöhen sich die Kaufwiderstände erheblich.

Besonders deutlich wird dies am Beispiel der Personalcomputer. Ein komplexes Anwendungsprogramm wie z.B. Winword sinnvoll und umfassend nutzen zu können, erfordert eine lange und umfangreiche Einarbeitungszeit. Bei sehr vielen Anwendern ist deshalb die Neigung gering, jedes halbe Jahr auf die neueste Version zu wechseln und damit den Lernprozeß für die Bedienung bis zu einem bestimmten Grad von vorne zu beginnen. Damit ist es nicht verwunderlich, wenn Nachfrager sagen: »So viel mehr kann mir die neue Version gar nicht bringen, daß es sich lohnt, dafür alle Tastenkombinationen neu zu lernen.« Der Anwender empfindet, daß der durch die Umstellung verursachte Zeitverlust nicht durch die erweiterten Möglichkeiten des neuen Programms aufgewogen wird. Die Erfahrungen und die Vertrautheit mit dem Bisherigen haben für ihn einen Wert, den er nur ungern aufgeben will. Erfahrungen und Vertrautheiten sind für Menschen wertvolles Kapital, man spricht nicht umsonst von einem »Erfahrungsschatz«. Folglich sind alle Veränderungen, die einen Großteil dieses Erfahrungsschatzes in immer kürzerer Zeit obsolet machen, auch problematisch.[17] Genau dieser Effekt tritt

17 Vgl. WEIBER, R. (1994), Leapfrogging-Behavior, in: ZAHN, E. (Hrsg.), Technologiemanagement und Technologien für das Management, Stuttgart 1994, S. 333–368.

verstärkt bei sich immer weiter beschleunigenden Produktlebenszyklen auf.

Eine Möglichkeit, die so entstehende Hemmschwelle vor Neukäufen zu reduzieren, besteht darin, die neue Produktgeneration so zu gestalten, daß die Erfahrungen in der Handhabung der alten nicht verlorengehen, sondern weiter genutzt werden können. Hierfür muß die neue Konzeption auf der alten aufsetzen und muß sie erweitern, ohne das Hergebrachte aufzugeben. Es muß Kompatibilität zwischen den Generationen bestehen. Dies ist nicht nur eine Frage gewohnheitsmäßigen Verhaltens, sondern hat auch eine direkte ökonomische Begründung. Wenn die Neueinführung eines Datensystems eine Umstellung der gesamten Datensätze auf neue Programme erfordert, würde es sich für die Firmen eher lohnen, weiter mit den veralteten Systemen zu arbeiten, als alle Daten neu zu konfigurieren – zumal dies bei hoher Innovationsgeschwindigkeit ein (Umstellungs-)Prozeß ohne Ende wäre. Was aber bringt weitere Beschleunigung für den Anbieter und den Nachfrager in einer solchen Situation noch? Eigentlich nichts, aber Stetigkeit und Beharren sind out. Beschleunigung ist »mega-in«. Oder wie sonst lassen sich bestimmte Maßnahmen wie z.B. die sogenannte »Pre-Announcement«-Politik verstehen, bei der Unternehmen für neue, verbesserte Produkte werben, die am Markt noch gar nicht erhältlich sind.[18]

Wieder liefert die schnellebigste Branche unserer Tage, die Computerbranche, das deutlichste Beispiel für die Pre-Announcement-Politik, wenn man sich das Informationsverhalten der Anbieter gerade zur Zeit der großen Messen wie CeBIT oder Systems vor Augen hält. Zu jeder Messe werden nicht nur die neuen Produkte vorgestellt, sondern gleichzeitig für die nächste Messe bereits Verbesserungen angekündigt.

18   Vgl. Weiber (1994), a.a.O., S. 346f.

Natürlich gibt es gute Gründe für Pre-Announcing. Es soll demonstriert werden, daß das Unternehmen technologisch führend ist und auch in Zukunft sein wird; es soll verhindert werden, daß die Nachfrager in der Zwischenzeit ihre Kaufentscheidung zugunsten von Konkurrenzprodukten fällen, die aktueller und besser sind als die eigenen. Hierfür kündigt man ein gegenüber dem Wettbewerb noch weiter verbessertes Produkt an, um dem Nachfrager zu suggerieren, daß er mit der Entscheidung für das Konkurrenzprodukt eigentlich schon nicht mehr up to date ist. Damit ist schon das ausgesprochen, was mit diesem Verhalten nicht nur erreicht wird, sondern beabsichtigt ist: Die Verhinderung von Kaufentscheidungen. Natürlich wird auf diese Weise nicht nur die Kaufentscheidung zugunsten des Konkurrenzproduktes verhindert, sondern auch die Kaufscheidung für das eigene Produkt. Die Konkurrenz fährt ja im Zweifel die gleiche Strategie. Auf diese Weise können ganze Märkte verhindert werden. Die Wirkung ist paradox: Die Beschleunigung führt dazu, daß Marktprozesse gleichzeitig verzögert werden. Die immer schnelleren Ankündigungen führen dazu, daß ganze Leistungsgenerationen von den Käufern nicht gekauft, bzw. übersprungen werden. Für dieses Verhalten existiert auch schon eine Anglizismus: Leapfrogging.[19]

Zu Leapfrogging kann es nur kommen, wenn die Marktpräsenzzeit eines Produktes kürzer ist als die Zeitspanne, während der die Neukaufentscheidung gefällt wird. Anders formuliert: Nur wenn die Dringlichkeit der Nachfrage so gering ist, daß die für die Adoptionsentscheidung zur Verfügung stehende Zeit größer

---

19 Vgl. WEISS, A./JOHN, G. (1989), Leapfrogging-Behavior and the Purchase of Industrial Innovations, in: Technical Working Paper of the Marketing Science Institute, Report No. 89–110, Cambridge/Massachusetts 1989; WEIBER, R. (1994), a.a.O.

ist als die erwartete Zeitspanne bis zur Einführung der nächsten Produktgeneration, kann Leapfrogging behavior auftreten. Damit ist klar, daß eine ständige Verkürzung der Zeitspanne zwischen den Produkteinführungen die Wahrscheinlichkeit und Häufigkeit von Leapfrogging deutlich erhöht. Zu hohe und künstlich angeheizte Innovationsgeschwindigkeit kann also zur Verhinderung von Kaufprozessen über viele Produktgenerationen führen. Durch dieses Phänomen werden einmal mehr die Grenzen und Gefahren von Beschleunigungswettläufen deutlich.

Beschleunigung braucht Langsamkeit

Können wir die Beschleunigungsepidemie, die schon manche in den Taumel des Beschleunigungsfiebers hat fallen lassen, überhaupt noch stoppen? Oder sind nicht ganze Branchen dabei, sich aus der wirtschaftlichen Überlebensfähigkeit herauszubeschleunigen? Die Computerbranche ist seit Jahren eine der am stärksten wachsenden Branchen. Fast alle Firmen aber haben trotz der hohen Wachstumsraten zeitweise eine unbefriedigende Gewinnsituation. Beobachter gehen davon aus, daß dies die Folge der im Vergleich zu den Entwicklungsaufwendungen zu kurzen Produktlebenszyklen ist. Trotz der offensichtlichen Probleme ist kein Unternehmen in der Lage, aus der Beschleunigungsspirale auszuscheren, da man in diesem Fall sofort den Anschluß an den Markt verlieren würde und nicht mehr wettbewerbsfähig wäre. Den Unternehmen bleibt also oftmals keine andere Wahl, als das Beschleunigungsrennen mitzumachen – selbst wenn man erkennt, daß es im Abgrund endet.

Die betroffenen Unternehmen befinden sich in einer klassischen Drama-Situation: Beide zur Verfügung stehenden Alternativen, weiter zu beschleunigen oder alleine stehen zu bleiben, führen ins Verderben. Was tun? Lassen sich die zu erwartenden Zusammenbrüche vermeiden?

Eine Chance hierfür besteht nur, wenn alle Anbieter das Innovationstempo verringern. Aber so etwas kann sich kein Anbieter alleine leisten, weil er sonst hoffnungslos zurückfallen würde. Nur wenn alle gemeinsam – oder doch wenigstens die Vordersten – die Vorteile der Langsamkeit wiederentdecken würden wie der Held John Franklin in Sten Nadolnys berühmtem Roman »Die Entdeckung der Langsamkeit«[20], wäre die Falle zu knacken.

Dafür gibt es in Japan bereits mehrere Anzeichen. So hat das japanische Handelsministerium MITI vor kurzem die japanischen Chip-Produzenten aufgefordert, die Produktlebenszyklen wieder zu verlängern und damit den Innovationsprozeß zu verlangsamen.[21] Die Japaner können sich das trotz schärfster Konkurrenz leisten, weil sie genügend Zeitvorsprung vor dem nächsten Konkurrenten haben. In vielen anderen Branchen – z.B. der Werkzeugmaschinenindustrie –, in denen die Zeitvorsprünge der Konkurrenten kleiner sind, wäre das nicht so einfach.

Im Grunde müßten sich also die in der Beschleunigungsfalle Gefangenen absprechen, gemeinsam das Tempo zu drosseln. Mit einem solchen Zusammenschluß kann eine Gruppe von Unternehmen die nötige Marktmacht aufbringen, um die Beschleunigungsspirale zu durchbrechen. Auf diese Weise könnte eine neue Art von Kartellen entstehen. Aber das ist aufgrund der Kartellvorschriften untersagt. Oder sollte man Verlangsamungskartelle zulassen?

Die Antwort auf diese Frage sollte ernsthaft bedacht sein, denn ein solcher Schulterschluß zwischen den Anbietern ist nur möglich, wenn sich alle wechselseitig auf die Einhaltung der Vereinbarungen verlassen können. Dazu braucht man verläßliche institutionelle Regelungen, Institutionen im Sinne von Spielregeln.

20 NADOLNY, S. (1983), Die Entdeckung der Langsamkeit, München 1983.
21 Vgl. o.V. (1993), Japans Firmen verlängern ihre Produktzyklen, in: FAZ, 10.03.1993, S. 23.

Solche Institutionen müssen langfristig bindenden Charakter haben und dürfen sich nur wesentlich langsamer ändern als die Marktgeschehnisse. Sie stellen damit die Plattform dar, auf der sich Geschwindigkeit erst effizient entwickeln kann. Effektive Geschwindigkeit auf der Handlungsebene läßt sich nur erreichen durch Langsamkeit auf der Ebene der Spielregeln.[22] Eine Dauerhaftigkeit der zugrundeliegenden Regeln läßt sich um so leichter erreichen, je mehr sich die Marktparteien, insbesondere die Anbieter, einig über das Regelwerk werden. Auch hier gilt also das Prinzip, daß gemeinsames Handeln von Unternehmen den Umgang mit Geschwindigkeit erleichtert.

22   Vgl. SCHUPPERT, D. et al. (Hrsg.) (1992), Langsamkeit entdecken, Turbulenzen meistern, Wiesbaden 1992.

Entschleunigung

Georges Fülgraff

Am Nachmittag sah er zu, wie drei betrunkene
Ruderer mit den Strömungen unter der London
Bridge nicht fertig wurden. Das Boot schlug gegen
den Pfeiler und zerbrach, alle ertranken.
Plötzlich hatten da die Leute Zeit zum Schauen.
Die Zeitknappheit war nichts als eine Mode, hier
der Beweis.

Nadolny, Die Entdeckung der Langsamkeit

Schnell sein, um Zeit zu sparen

»Leben Sie deswegen so schnell, damit es schneller vorbei
ist?«, so vernahm ich kürzlich die freundlich besorgte Frage
eines Kirchenmannes. Zu dieser Frage paßt, daß immer mehr
Menschen in Deutschland glauben, daß die Zeit heute schneller
vergehe als früher. Sie klagen darüber, daß sie ihnen zu schnell
vergehe.

Natürlich vergeht Zeit weder schnell noch langsam, vielmehr
wird an der Zeit gemessen, ob etwas schnell oder langsam ist.
Bewegung kann Zeit nicht erklären oder definieren, da sie selbst
in der Zeit verläuft.

Mit dem »Gefühl« vom schnelleren, vom zu schnellen Vergehen der Zeit korrespondiert, daß über 80% der Bundesbürger
finden, alles verändere sich zu rasch. Aus der Alltagssprache über-
setzt bedeutet diese Klage, die Geschwindigkeit des Entstehens
und des Verschwindens von Umständen, Mitteln und Zielen des
Lebens, das heißt von Gegenständen ebenso wie von Informationen, sei zu hoch. Dennoch gilt offenbar Karl Valentins Entdeckung auch heute, daß nämlich jeden Tag gerade so viel pas-
siere, wie in eine Zeitung passe.

Selbst junge Leute klagen über die zu hohe Veränderungsge-
schwindigkeit, darüber, daß, nachdem sie gerade das Textverar-
beitungsprogramm Word beherrschen, nur drei Jahre Jüngere sie

mit Winword austricksen. Aber auch denen wird das Lachen vergehen, wenn sogleich die nächste Version erscheinen wird. Normal begabten Anwendern reichen Kompetenz und Kapazität gerade noch, um auf dem Laufenden zu bleiben; die tatsächliche Anwendung und Nutzung des Gelernten entfällt; dazu bleibt keine Zeit. Eine paradoxe Situation: Die Verarbeitungsgeschwindigkeit der Geräte wird immer größer und mit ihr die Möglichkeiten der Anwendung. Aber gerade die durch die Geschwindigkeit ermöglichte Komplexität verhindert, daß die Menschen mit Hilfe der Maschinen ihre Arbeit effizienter, und das heißt auch schneller, verrichten können.

Ähnlich ist die Paradoxie der Automobile. Die Kraftstehzeuge in den Städten sind als Hochgeschwindigkeitspanzer ausgelegt, verbringen aber ca. 80% ihrer Betriebszeit im Stadtverkehr. Wegen der Sicherheit der Insassen bei hohen Geschwindigkeiten sei es erforderlich, daß die Autos größer und schwerer würden; so lauten die Verkaufsargumente. Im Ergebnis stauen und behindern sich schnelle Panzer in den Städten, übermotorisiert und bedrohlich für die Menschen außerhalb der Fahrzeuge. Um individuell und schnell den gewünschten Ort erreichen zu können, werden große und schnelle Autos gebaut, so viele, daß ein Vorankommen auf den Straßen kaum möglich ist. Verkehrswissenschaftler haben längst herausgefunden, daß das höchste Transportvermögen einer Straße nicht dann erreicht wird, wenn alle Autos sehr schnell fahren, sondern bei eher mäßigen Geschwindigkeiten. Zwingt uns die Ausnutzung von maximaler Geschwindigkeit wieder zurück in die Langsamkeit?

Ich erinnere mich eines Fluges von Paris nach New York in einem überschallschnellen Flugzeug namens Concorde. Der Flug war in etwa gleichem Maß weniger komfortabel wie er teurer war als ein normaler Flug 1. Klasse, vor allem war er letztlich langsamer trotz Überschallgeschwindigkeit. Angekommen hieß es längere Zeit stehend an einem Hinterausgang des Flughafens warten, bis das gleichartige Flugzeug verspätet aus London eintraf. Gemeinsam mit den Neuankömmlingen ging es im Helikopter nach Manhattan, wo wir zwischen stillgelegten Gütergleisen am East-River in Höhe der 34. Straße abgeladen wurden. Da standen dann die Herrschaften mit ihrem Gepäck ohne Taxen oder sonstige Betreuung und sahen ihren Zeitvorsprung schwinden. Der Geschwindigkeitsvorteil verkehrt sich in einen Geschwindigkeitsnachteil, weil nicht das ganze System beschleunigt wird, sondern nur Teile. Der subjektiv empfundene Bremseffekt wirkt um ein Vielfaches verstärkt.

Ich erwähnte das Gefühl, das wir alle kennen, die Zeit verginge mal rascher, mal langsamer, und immer dann, wenn man zum Augenblick sagen möchte »verweile doch, du bist so schön«, zu schnell. In diesem Empfinden drückt sich die reziproke Beziehung von Geschwindigkeit und Intensität aus. Man kann nur beispielsweise entweder schnell reisen oder intensiv. Goethe beklagte in einem Brief von einer seiner italienischen Reisen, daß die Postkutschen zu schnell führen, als daß man eine Landschaft wirklich wahr- und aufnehmen könne. Von einem IC aus kann man nicht einmal mehr die Stationsschilder durchfahrener Bahnhöfe entziffern. Fragt man die Menschen, warum sie so schnell unterwegs sind, dann antworten sie: Um Zeit zu sparen. Ein schöner Traum: Zeit sparen zu können. Ein Sparkonto für Zeit, dann zu nutzen, wenn die Zeit zu Ende geht; oder wenn die Zeit gekommen ist. Das erinnert an Augustinus, dessen Seele danach brannte zu wissen, was Zeit ist.

Man kann also hin und wieder die Beobachtung machen, daß höhere Geschwindigkeit einen geringeren Nutzeneffekt zur Folge hat, wenngleich diese Folge zugegebenermaßen keine notwendige ist. Immer mehr Menschen kommen immer schneller irgendwo an, wo sie immer kürzer bleiben. Oder, wie Helmut Qualtinger in einem Lied über einen Motorradfahrer den gelegentlich auftauchenden Gegensatzes von Geschwindigkeit und Nutzeneffekt beschreibt: »Ich weiß zwar nicht, wo ich hin will, aber dafür bin ich schneller dort.«

Was nun ist der gemeinsame Nenner der bisherigen Beispiele? Wenn sich die Umwelt rascher ändert, als es den Menschen lieb ist, empfinden sie Unsicherheit. Wenn sich die Technik rascher ändert, als die Menschen sie lernen können, verlangsamt die schnelle Technik die Handlungen der Menschen. Wenn die Menschen sich in ihren Autos zu schnell von A nach B bewegen, kommen alle letztendlich langsamer voran. Also können wir sagen: Die Grenze des Nutzens höherer Geschwindigkeit ist dann erreicht, wenn eines der beteiligten Systeme mit der hohen Geschwindigkeit überfordert ist, sei es der Mensch oder das Straßennetz. Dann schlägt Schnelligkeit ins Gegenteil um.

Unser ökonomisches Prinzip: Schneller, weiter, höher

Besonders deutlich und fast schon lebensbedrohlich erscheint uns dieses Prinzip bei der Betrachtung unseres Wirtschaftssystems und seiner Umweltauswirkungen.

Wir leben in einem System, in dem es als rational gilt, mehr und schneller zu produzieren, mit immer weniger Leuten immer härter zu arbeiten... und nicht darüber nachzudenken, wozu. Dabei ist es fast schon ein Dogma, die »Kräfte des Marktes« sich ungehindert entfalten zu lassen. Eingriff in oder Behinderung des Spiels der Marktkräfte wird mehr und mehr zu einem Totschlagargument in politischen und ökonomischen Diskussionen. Es gibt eine beachtliche Gleichzeitigkeit des Verschwindens bzw. der Regulierung real existierender Märkte und einer romantisch-verklärten, fast religiösen Marktrenaissance in Wissenschaft und Theorie.

Aber für wen produzieren wir? Wo fehlt noch etwas? Wo fehlt noch etwas, bei den Menschen und in den Gesellschaften, von denen die Produkte auch bezahlt werden können? Der Verbrauch von Verbrauchsgütern ist nicht beliebig steigerbar – wir wollen beispielsweise nicht mehr Schnupfen, um mehr Papiertaschentücher verbrauchen zu können – und bei den Gebrauchsgütern gibt es nur noch Ersatzbeschaffung.

Aber es heißt, wir brauchen Wirtschaftswachstum. Daher sollen Investoren nicht verärgert werden, darum gibt es ein Investitionserleichterungsgesetz, mit dessen Hilfe Investitionen beschleunigt werden sollen. Investitionen haben einen Wert an sich. Ist ein Denken und Handeln rational, dem es um die Beschleunigung von Investitionen an sich geht? Es erinnert mich an manche Auswüchse der Transplantationschirurgie, in der man vorübergehende Publizität erlangen kann durch den erstmaligen gleichzeitigen Ersatz einer neuen Höchstzahl von Organen. Demnächst werden wir hören, daß die erste Totaltransplantation eines Menschen gelungen ist.

Zurück zum Beispiel des Straßenverkehrs. Es ist offensichtlich, daß schnelle Autos nicht nur mehr Benzin verbrauchen und mehr Gewalt erzeugen, sondern auch noch die Gesamttransportkapazität der Straßen herabsetzen. Wollte man die Negativwirkungen dämpfen, müßte man kleinere und leichtere Autos bauen, die weniger Kraftstoff verbrauchen und die von vornherein nicht schneller fahren können, als es einer allgemein für sinnvoll gehaltenen Geschwindigkeitsgrenze entspricht, wie sie in allen zivilisierten Ländern dieser Erde gesetzlich besteht. Man bräuchte dann auch keine Polizisten, die die zulässige Höchstgeschwindigkeit überwachen. Autos wären einfach nicht zulassungsfähig, wenn sie schneller fahren könnten als es der Höchstgeschwindigkeit entspricht. Leichtere, kleinere und weniger schnelle Autos verteilen das Risiko gerechter zwischen den Insassen und den anderen Menschen draußen und zwingen erstere zu mehr Rücksicht. Von solchen Autos ginge auch weniger strukturelle Gewalt aus in Form von Lärm, Abgasen etc.

Aber ich höre sie »Zeter« rufen, unsere Marktökonomen. Der Markt verlange offensichtlich schnelle Autos, sonst gäbe es sie ja nicht. Der Markt müsse selbst zu mehr Rationalität finden. Notfalls könne man über die Mineralölsteuer ein maßvolles Signal setzen, das aber nicht prohibitiv wirken dürfe, also gar nicht. Eine Zwangsbegrenzung der Hub- und Schubkräfte hingegen stelle eine Form von Freiheitsberaubung dar, zugleich auch eine Uniformierung und damit einen ganz und gar unzulässigen Eingriff in die Mechanismen des Marktes. Darum werden nach wie vor alle wesentlichen Entwicklungsziele unserer Gesellschaft von ökonomischen Interessen diktiert.

Die Kapitulation der Umwelt

Natürlich wäre die Goethe'sche Forderung nach mehr Intensität beim Reisen allein kein Grund, über die Reduktion von Lokomotionsgeschwindigkeiten nachzudenken. Aber höhere Reisegeschwindigkeiten erlauben mehr und weitere Reisen, machen schwerere Fahrzeuge mit höherem Treibstoffverbrauch erforderlich, und dies bei allen miteinander konkurrierenden Verkehrsträgern. Dadurch wird der Fortschritt der Motorentechnik aufgezehrt, und der Verbrauch von Erdöl zum Zwecke der Mobilität nimmt weiter zu. Je höher die Geschwindigkeit, desto größer die Belastung der Umwelt, und zwar nicht linear, sondern weit überproportional.

Die ökologische Rationalität spricht jedenfalls für Minderung und Verstetigung der Geschwindigkeit aller Verkehrsträger, was bei Kraftfahrzeugen leicht zu erreichen wäre, indem das konstruktive Nichtüberschreitenkönnen dieser Geschwindigkeitsgrenze Zulassungsvoraussetzung wäre. Wenn man in den USA, einem Land mit begrenzter und verstetigter Reisegeschwindigkeit nach einer Entfernung fragt, wird die Antwort in der Regel nicht in Meilen, sondern in Zeit gegeben.

Schließlich wird alles, was wir benutzen, eines Tages zu Abfall, den wir entsorgen lassen. Ein Entsorgungspflichtiger hat von da an die Sorge mit unserem Müll. Die fünfzig- bis achtzigtausend sicherungs- und sanierungsbedürftigen Standorte alter Kippen und Deponien zeugen davon, wie sich die letzten Generationen des Problems entledigt haben.

Wirtschaften wird als Einheit von Produktion, Distribution und Konsum verstanden. Den Rest überlassen auch die Ökonomen gern den Müllmännern.

Als der Club of Rome vor Jahrzehnten seine ersten Prognosen abgab, stand die Endlichkeit der Rohstoffe, insbesondere der fossilen Energieträger, im Vordergrund des Interesses. Das hat sich seither geändert. Nicht die Ressourcenknappheit droht dem Wirtschaften Grenzen zu ziehen, sondern die Knappheit der Senken für die Endprodukte von Produktion und Konsum. Die Trägerfunktion der Umwelt ist erschöpft. Das gilt für Kohlendioxid ebenso wie für feste Abfälle. Ein beteiligtes System, unsere Umwelt, ist an ihre Grenze gestoßen. Und auf einmal ist die hohe Produktions- und Konsumgeschwindigkeit unserer Gesellschaft schädlich auch für uns selbst.

Jahrelange Diskussionen, nachdem u.a. das Dahinsiechen der Wälder, die Klimakatastrophe, das Schwinden der atmosphärischen Ozonschicht, die Verschmutzung der Meere – gibt es einen Plural von Pest? – und das Aussterben von Arten erkannt waren, haben nur bewirkt, daß heute geprüft wird, welche Auswirkungen auf die Umwelt die Realisierung wirtschaftlicher Ziele hat. Es wird entschieden: Ein Kraftwerk hier, ein Tagebau dort, eine Autobahn hier, ein Transrapid dort, eine Müllverbrennungsanlage hier ... und im besten Falle folgt dann eine Untersuchung, wie sich Umweltauswirkungen gering halten lassen. Gemeint ist oft: Wie läßt sich die Zahl von Gruppen und Personen, die öffentlichkeitswirksam gegen ein Projekt auftreten und Widerstand mobilisieren können, klein halten?

Internalisierung der externen Kosten für Umweltgüter, das ist das einzige, worüber Marktökonomen mit sich reden lassen. Will man das praktisch machen, erweist sich, daß die Theorie aus der Frühzeit der Eisenbahn stammt, als die Dampflokomotiven kohlebefeuert und funkensprühend durch die Landschaft fuhren und

Brandnarben rechts und links der Gleise zurückließen. Internalisierung hieß damals, die Kosten dieser Brände der Eisenbahn anzulasten. Nur leider sagt die Theorie nichts darüber aus, wie dem ICE die Kosten für spezifisch höheren Lärm anzulasten seien, oder dem Personen- und Güterverkehr auf der Straße die Kosten der Verkehrsinfrastruktur und die geschwindigkeitsabhängigen »Kosten« der Emission von Stoffen und Lärm; oder den Besitzern von Klimaanlagen in Automobilen die durch sie verursachten Schäden durch FCKWs an der atmosphärischen Ozonschicht in Form von Katarakten am Auge, die zu Blindheit führen, und von Hautkrebs.

»Wirtschaft braucht Wachstum«, ist einer jener axiomatisch-normativ-wissenschaftlich schillernden Sätze der Ökonomie. Traumhaft wäre ein garantiertes, stetiges Wirtschaftswachstum von, sagen wir, 6%. Was aber bedeutet das? Sind wir uns eigentlich alle darüber im klaren und einig, was Wachstum bedeutet?

1.000 DM für 6% angelegt bringen im 1. Jahr 60 DM Zinsen. In 20 Jahren also 60 x 20 = 1.200 DM. Aus 1.000 DM sind also in 20 Jahren 2.200 DM geworden.

Wunderbar und dennoch falsch. In Wirklichkeit werden aus 1.000 DM in 20 Jahren bei 6% Verzinsung 3.200 DM.

Wachstum ist keine lineare, sondern eine exponentielle Funktion. Im 20. Jahr sind 6% nicht mehr 60 DM wie im 1. Jahr, sondern 192 DM, und im 24. Jahr hat sich der ursprüngliche Betrag vervierfacht.

Statt DM können wir Produktionszahlen wie t Getreide oder Stahl oder Stück Automobile nehmen oder das Bruttosozialprodukt und statt Zinsen das jährliche Wachstum. Bei dauerhaft 6% Wachstum hat sich das Volumen der Wirtschaft in 24 Jahren vervierfacht. Die gleich und stetig klingenden 6% sind im Jahr 24 in absoluten Zahlen viermal so groß wie im Jahr 1 oder anders ausgedrückt, die Wirtschaft wächst im Jahr 24 um einen Betrag, der einem Viertel des Bruttosozialprodukts des Jahres 1 entspricht.

Stetiges Wachstum entspricht in physikalischer Sprache nicht der Geschwindigkeit sondern der Beschleunigung. In der Ökologie weiß man, daß Systeme in Beschleunigung plötzlich und unerwartet umkippen können. Weiß man das in der Ökonomie? Weiß der politisch versierte und gebildete Zeitungsleser, was es bedeutet, wenn ein Wirtschaftssystem über längere Zeit ein Wachstum von x% erlebt oder anstrebt?

Es bedeutet die BESCHLEUNIGUNG von Stoff- und Energiedurchsätzen; »schneller, höher, weiter«; taumeln von Rekord zu Rekord, Beschleunigung von Verbrennung, von Transportleistung, von Naturverbrauch, Straßenbau, Wohnungsbau, Raubbau,....Beschleunigung der Bewegung auf der Einbahnstraße von geordneten Rohstofflagern auf vermischte Deponien mit den Zwischenstufen Produktion und Konsum und den Zwischenlagern Handel und Haushalt. Mehr und schneller.

Es wird notwendig sein, den Gewaltbegriff zu überdenken. Ein Schubs gegenüber einem Kind ist Gewalt, persistente Halogenkohlenwasserstoffe, die das Kind mit der Milch seiner Mutter aufnimmt, werden nicht als Gewalt angesehen. Sind Abgasfahnen keine Gewalt?

Strukturelle Gewalt übt derjenige aus, der Umweltgüter zu Lasten Dritter nutzt. Oder ist es etwa keine Gewalt, wenn die Abgase eines Busses oder eines Lkw beim Überqueren einer Straße Hustenreiz auslösen? Subtile Fernwirkung, aber körperlich spürbare Beeinträchtigung. Ölpest auf den Meeren, verseuchte Strände, wild entsorgte Abfälle stellen Formen von Gewalt dar, die ein Verursacher ausübt, und die auf meist unbeteiligte und eher zufällig betroffene Dritte einwirken. Bei Sommersmog, d.h. gesundheitlich bedenklichen bodennahen Ozonkonzentrationen, ergeht die Warnung vor körperlicher Bewegung, obwohl diese gerade an sonnigen Sommertagen Freude machen würde. Das ist repressive strukturelle Gewalt, vorzugsweise gegenüber Kindern, alten und kranken Menschen, zugunsten einer immer schneller werdenden »freien Fahrt für freie Bürger«.

Wir sind abgestumpft gegenüber struktureller Gewalt, die aus immer dramatischer werdenden Beschleunigungsvorgängen entsteht. Die Gewöhnung hat die Köpfe verdreht. Man ißt Eier, die aus fast federlosen biologischen Legemaschinen stammen. Autofahrer haben zunehmend ein gutes Gewissen, weil ihr Katalysator manche Stoffe nachverbrennt; aber eine Tonne Platin hinterläßt in den Erzeugerländern ca. 400.000 t Abraum- und Bergematerial.

Gewalt geht unsichtbar beispielsweise auch von den Klimaanlagen der großen und oft schwarzen Limousinen aus. Diese Klimaanlagen setzen während der gesamten Gebrauchsdauer kleine Mengen von FCKW frei. Sind sie das wert?

Zwar verurteilt die Gesellschaft direkte körperliche oder Waffengewalt, aber sie duldet die strukturelle Gewalt der rasenden Panzer, der Abgasfahnen, der schäumenden Flüsse, der Allergene in Luft und Nahrung, der atmosphärischen Ozonzerstörung, der bodennahen Ozonbildung, der Klimaveränderung. Aber wir werden immer schneller – bis in den Tod.

Die Zeitdimensionen von Ökonomie und Ökologie

Betrachtet man die momentane Situation, so muß man zu dem Schluß kommen: Ökologie hat gegen Ökonomie keine Chance.

Die Hauptursache liegt in einem entscheidenden Handicap der Ökologie gegenüber der Ökonomie:

Die Kurzfristigkeit der Prozesse und Entscheidungen in der Ökonomie gegenüber der sinnlich nicht erfahrbaren Langfristigkeit großer Folgen in der Ökologie.

Das politische System, so heißt es, ist unfähig, den großen Problemen der Zeit gerecht zu werden, weil diese den Zeithorizont der 4-Jahres-Wahlperioden überschreiten. Was nicht innerhalb von 4 Jahren erkennbar Erfolg verspricht, ist in diesem System nicht lösbar.

Die Zeiteinheit der Wirtschaft ist das Geschäftsjahr, in den USA das Quartal. Über Erfolg oder Mißerfolg entscheidet die jährliche Bilanz. Die Folgen von Entscheidungen werden in der Bilanzpressekonferenz öffentlich. Ihr Ergebnis schlägt sich im Börsenkurs nieder. Also heißt die Devise: Kosten senken und mehr verkaufen und immer schneller!

Im Vergleich dazu sind ökologische Systeme langsam und stetig. Es hat Jahrzehnte gedauert, ehe das Ökosystem Wald durch die fortdauernden Schadimpulse in einen Zustand gelangt war, in dem alle mobilisierbaren Abwehrkräfte und Kompensationsmöglichkeiten soweit erschöpft waren, daß das System durch einen beliebigen letzten Schadimpuls zusammenbrach und seine Schäden von außen erkennbar wurden.

Es wird Jahrzehnte dauern, bis der Abbau des Ozonschutzschildes um den Planeten Erde für seine Bewohner unmittelbar dadurch sinnlich erfahrbar wird, daß jedermann und jedefrau im eigenen Bekanntenkreis an Hautkrebs erkrankte und daran gestorbene Menschen kennt. Die Generation, die das erfährt, ist nicht mehr dieselbe, wie die, deren Kühlschränke und Klimaanlagen mit FCKW arbeiteten. Die heute in der Atmosphäre vorhandenen FCKW-Spuren werden auch dann, wenn ab sofort kein FCKW mehr freigesetzt würde, noch für Jahrzehnte Ozonmoleküle knacken.

Es wird Jahrzehnte dauern, bis die langsame, aber stetige und unaufhaltsame Erwärmung der Erdatmosphäre für die ganze Menschheit sinnlich erfahrbare Katastrophen auslösen wird: Das langsame Versinken von Küstenstädten und -landschaften und die Wanderung von Vegetationszonen, durch die nicht abschätzbare Mengen von Pflanzen- und Tierarten verloren gehen werden, weil sie die Geschwindigkeit dieser Wanderung nicht mitmachen können.

In der Mitte des 21. Jahrhunderts werden sich die Menschen, die bis zum Gürtel im Wasser stehen, unter einer Sonne, deren UV-Strahlen nicht von atmosphärischem Ozon gefiltert werden, sich nicht mehr an die Rezession der 90er Jahre des 20. Jahrhunderts erinnern, aber sie werden die damaligen Menschen verfluchen, die die Weichen in einer Mischung aus Eigennutz und Glaube an den Markt so gestellt haben, daß sie, die 60 Jahre später Lebenden, nur noch resignieren können. Wir müssen gar nicht so weit in der Zeit gehen: Schon in wenigen Jahren werden wir nicht danach beurteilt, ob und wie wir die Krise überlebt haben, sondern danach, mit welchen neuen Ideen und Konzepten wir den neuen Herausforderungen begegnet sind.

Die Zeitzyklen von Ökonomie und Ökologie sind grundverschieden. Die Natur war und ist immer in Veränderung. Veränderung ist das Kennzeichen von Evolution. Durch die zunehmende Dominanz der Species homo sapiens über die Natur hat die Geschwindigkeit der menschlichen Eingriffe in die Natur zugenommen. Sie hat von einer Kulturstufe zur nächsten eine Beschleunigung erfahren, von den Sammlern und Jägern zu den Ackerbauern und Viehzüchtern, von diesen zur Kultur der Städte und von dieser zur Kultur von Technik und Industrie. Der Ökologe Wolfgang Haber spricht in diesem Zusammenhang von der Geschwindigkeit der Veränderung in der Natur, während die Veränderung der Geschwindigkeit von Menschen zu verantworten sei.

Die Unterschiede in der Größenordnung der Zeitrahmen liegen zu einem großen Teil in der Linearität ökonomischer Entscheidungen gegenüber der Komplexität ökologischer Prozesse. Ökonomie versucht sich am Theoriemodell der Naturwissenschaften des 19. Jahrhunderts zu orientieren; lineare Ursache-Wirkungsketten, d.h. die Wirkung ist unmittelbar (und damit tendenziell rasch) zu erkennen. In der Ökologie hat man es mit Netzen, mit Wirkungsgefügen zu tun. Neben- und Fernwirkungen sind nicht immer bekannt, und auch da, wo sie bekannt sind, ist davon auszugehen, daß es noch viele weitere geben kann, die irgendwann erkennbar werden können, und zwar im allgemeinen ex post, d.h. wenn wieder einmal eine unerwartete neuartige Schädigung eines Systems aufgetreten ist.

Je komplexer oder vernetzter ein System ist, desto unübersichtlicher werden Zeitabläufe. Komplexe Systeme lassen sich nicht wie mit einem Schalter an- und abstellen. Verzögerungen der Wirkung sind vielmehr die Regel; so sehr, daß ein Beobachter das Ereignis B nicht ohne weiteres als (mit)verursacht von Ereignis A erkennen kann.

Ein Mehr und Schneller sei nötig, um die Wirtschaft am Leben zu erhalten. Da beißen sich die Hauptsätze der Ökonomie und der Thermodynamik. Gleichviel und langsam, da stirbt die Wirtschaft den Kältetod, und mehr und schneller, das treibt die Menschheit in den Wärmetod.

Wieder kommt der Unterschied der Fristigkeit zum Tragen. Darum akzeptieren die heute lebenden Menschen, das Mehr und Schneller der Wirtschaft zuliebe, weil die Menschheit den Wärmetod erst dann stirbt, wenn von den Heutigen keiner mehr zur Rechenschaft gezogen werden kann.

Auf welchem Weg wir sind und wie ein besserer Weg aussehen könnte, wird deutlich am Beispiel des Abfalls. Im Vordergrund der abfallpolitischen Diskussion steht heute nicht das Vermeiden, sondern das Aussortieren und Verwerten von Stoffen und Materialien. Mit kaum einem Begriff wird soviel Schindluder, Irreführung, ja geradezu betrügerischer Umgang getrieben wie mit dem der Verwertung und des Recycling. Das fängt bei der Benennung der Verbrennung als thermischer Verwertung an, obwohl bei einer Verbrennung mit Abgasreinigung, Salzrückgewinnung und Filter- und Schlackenbehandlung nach dem Stand der Technik keine Energie gewonnen wird.

Seit dem Aufbau des Dualen Systems Deutschland, DSD, das man besser als Demotivierungs-System Deutschlands für eigenverantwortliches, umweltverträgliches Handeln bezeichnen sollte, wird von einem Patentausweg aus dem Müllnotstand geredet, der es erlauben würde, beim Konsum, jedenfalls der Menge nach, so weiterzumachen wie bisher und dennoch quasi in einer abfallfreien Welt zu leben. Das Sesam-Öffne-Dich zu dieser schönen Welt heißt Kreislaufwirtschaft.

Kreislaufwirtschaft hat 2 Aspekte: Die Führung von Produktions- und Behandlungsprozessen im Kreislauf und die kreislaufförmige stoffliche Verwertung von Produkten. Bei ersterer ist die Wirtschaft innovativ auf gutem Wege, bei letzterer, die die Konsumgüter betrifft, dominiert das Schlagwort die Realität wegen fehlender Voraussetzungen.

Nichts wäre einzuwenden gegen eine gut ausgebaute, und gegenüber dem heutigen Stand sehr viel breitere Verwertungswirtschaft. Im gegebenen System jedoch erinnern die Begriffe Kreislaufwirtschaft und Verwertung an Shakespeare: Viel Lärm um Nichts. Abfallvermeidung heißt in Konsequenz weniger produzieren, weniger umsetzen; nicht immer mehr Materie und Energie immer schneller umsetzen. Da Vermeidung, in diesem Sinne konsequent betrieben, wirtschaftliche Interessen verletzen könnte, kommt der scheinbare Ausweg der Verwertung gelegen. Damit bleibt das Schwungrad der immer schnelleren Produktion in Bewegung, der Kessel unter Dampf; welcher Art aber ist die Verwertung, der im DSD gesammelten vermischten Kunststoffverpackungen? Weder gibt es eine Möglichkeit nachträglicher sortenreiner Trennung noch sinnvolle Verwertungswege für gemischte Kunststoff-Fraktionen. Parkbänke und Blumenuntersetzer werden als die Endlager des Verpackungsmülls angeboten, mittels derer die gemischte Kunststoff-Fraktion des Hausmülls in der Umwelt fein verteilt werden könnte.

Es geht also um die Reduktion der Energie- und Stoffflüsse oder »Umsätze« in Produktion und Konsum; nicht nur um ein Abbremsen der Dynamik der Leistungssteigerung, sondern um eine differenzierte Reduktion des Materieflusses; nicht nur wegen der vollen Senken, sondern auch aus Gründen der Entwicklung: Stellen Sie sich vor, alle Menschen dieser Erde würden bei Energie, Verkehr, Fleischverzehr oder allgemeinem Konsum auf dem Mengenniveau Europas leben. Wir bräuchten über Umwelt und über Leben nicht mehr zu diskutieren. Also sind Abfallvermeidung, Kreislaufführung, ökologisches Produktdesign, Langlebigkeit notwendige, aber nicht hinreichende Voraussetzungen. Es gilt auch zu hinterfragen, ob bestimmte Produkte sinnvoll sind, ob bestimmte Zwecke nicht auch auf andere Weise erreicht werden können oder vielleicht gar nicht erreicht werden müssen.

Die Entschleunigung unseres Wirtschaftssystems

Auch wenn die Wirtschaft es nur schwer akzeptiert, die Ökologie mit ihrer Forderung nach Langsamkeit ist stärker. Widersetzen wir uns ihrer Forderung, entziehen wir nicht nur dem Wirtschaftsleben, sondern bald jedem Leben die Grundlage auf unserer Erde.

Bisher setzen wir Ziele für die wirschaftliche Entwicklung und akzeptieren die Umweltauswirkungen oder minimieren sie höchstens in einer Nebenbedingung. Versuchen wir es doch einmal umgekehrt: Setzen wir Ziele für Überleben, Selbstbestimmung, Förderung von Gesundheit, Erhaltung von Natur- und Kulturgütern, und fragen wir dann: Welche wirtschaftlichen Aktivitäten einschließlich Mobilität und Transport sind möglich und auf welche Weise.

Welches die unabhängige und welches die abhängige Variable ist, Umwelt oder Wirtschaft/Investitionen, ist eine normative Entscheidung und keine wissenschaftlich abgeleitete. Es macht den Umgang mit der Ökonomie als Wissenschaft so schwierig, daß in ihr normative, axiomatische und abgeleitete Sätze amalgamiert sind und mit gleichem Wahrheitsanspruch proklamiert werden. Man könnte auch den zweiten Weg gehen, den langsameren, Umwelt vor Wirtschaft/Investitionen, aber das widerspräche einem normativen Satz. Das wäre nicht schlimm, denn normative Sätze sind diskursfähig; also darf der Satz kein normativer, sondern muß ein wissenschaftlich abgeleiteter sein. Damit gewinnt er Anspruch auf Autorität. Setzen wir uns die normative Entscheidung, daß Umwelt die frei vorgebbare Variable ist!

Alljährlich im September treffen sich ökologisch orientierte Wissenschaftler aus Italien, Deutschland, Österreich und der Schweiz in Südtirol zu den »Toblacher Gesprächen«. Im Jahre 1993 haben sie bei dieser Gelegenheit 12 Thesen verabschiedet, von denen ich die Vierte zitieren möchte:

»Die ökologischen, sozialen und ökonomischen Krisen sind Ausdruck der Krise unseres Wachstumsmodells. Die Antworten greifen weniger denn je. Die Hoffnung, Arbeitslosigkeit durch ein Ankurbeln des Wachstums bekämpfen zu können, ist doppelt trügerisch: Wachstum wird keine Arbeitsplätze schaffen, dafür aber die Umweltkrise verschärfen. Jede Zunahme des Bruttosozialprodukts geht mit Umweltvernichtung einher. Wir müssen grundsätzlich neue Fragen stellen und nach neuen Antworten suchen. Wofür arbeiten wir? Warum arbeiten wir so viel und so hart, wenn so viele Menschen ohne Erwerbsarbeit sind? Und was ist das für eine Arbeit, die vielfach nicht glücklich, sondern krank macht und unsere Lebensgrundlagen zerstört? Arbeit ohne Umweltzerstörung ist die Herausforderung. Arbeit und ökologischer Wohlstand das Ziel. Wir brauchen eine neue Kultur der Arbeit.«

Bisher ist jedenfalls die industrielle Ökonomie durch das Akronym DEBIL gekennzeichnet. DEBIL steht für

Dynamik,
Entgrenzung
Beschleunigung
Identitätsverlust
Leistungsdruck.

Führen Sie die Ökonomie in Wissenschaft und Praxis aus ihrer Rationalitätsfalle, in der sie mit geschlossenen Augen sitzt und die letztlich eine Beschleunigungsfalle ist. Öffnen Sie ihr die Augen, konfrontieren Sie sie mit der Realität. Die langsame Natur klagt ihr Recht ein und wir tun gut daran, uns an ihr Tempo anzupassen.

Leiten Sie die Dynamik in Innovationen, die unsere Industrie-kultur so verändern, daß sie wirklich für die sich entwickelnden Teile der Welt Beispiel sein kann.

Nutzen Sie Ihre kreative Fantasie, für eine Theoriebildung der Entschleunigung anstelle des chaotischen Wachstumsmodells. Ersetzen Sie Identitätsverlust durch Lebensqualität, durch den Vorrang des Seins vor dem Haben und ersetzen Sie den Leistungs-druck durch Begrenzung in beispielgebender Bescheidenheit.

Dann hieße das neue Akronym TISBE, zu schön, um wahr zu sein, eben ein Sommernachtstraum:

> Theoriegeleitete Fantasie,
> Innovative Dynamik,
> Sein vor Haben,
> Begrenzung in Bescheidenheit,
> Entschleunigung.

INNOVATION BRAUCHT NACHHALTIGKEIT

Walter R. Stahel

Produktoptimierung – die neue Langsamkeit

Weil wir zu spät agieren, müssen wir immer schneller reagieren. Wenn wir dies nicht mehr wollen, müssen wir umdenken: Um die Produktlebensdauer wirtschaftlich zu optimieren, müssen die Maßnahmen zur Risikooptimierung (safety efforts) z.B. auf die frühen Phasen des Produktlebenszyklusses (Konzeption und Design) konzentriert werden (vgl. Abbildung 1). Denn Kosten-Nutzen-Analysen über die gesamte Produkt- oder Systemlebensdauer von Konzeptionierung (concept) bis hin zur Entsorgung (disposal) zeigen, daß die großen Zeit-Investitionen in diesen ersten Phasen erfolgen müßten; während der Nutzung sollten idealerweise nur noch kleine Fehlerkorrekturen notwendig sein.

Dieses nach Risikogesichtspunkten optimale Vorgehen entspricht nicht der Realität. In der Praxis werden die Anstrengungen auf die Phase kurz vor und nach der Einführung einer Innovation konzentriert. Das häufig zu beobachtende Resultat ist: Die Unternehmen (miß-) brauchen die Käufer ihrer Güter häufig zur nachträglichen Produktoptimierung, denn zwischen Herstellung/Vertrieb und Nutzung liegt ja der Verkaufspunkt, an dem (oder wenig später – je nach Garantiefrist) nicht nur das Eigentum, sondern auch die Kosten-Verantwortung vom Hersteller auf den Käufer bzw. Nutzer übergehen. Mit anderen Worten: Die immer schnellere Entwicklung und die Ausrichtung unserer Innovationsprozesse erlauben es kaum noch, Produkte auf den Markt zu bringen, die sowohl für die Fertigung als auch für eine langfristige Nutzung optimiert sind.

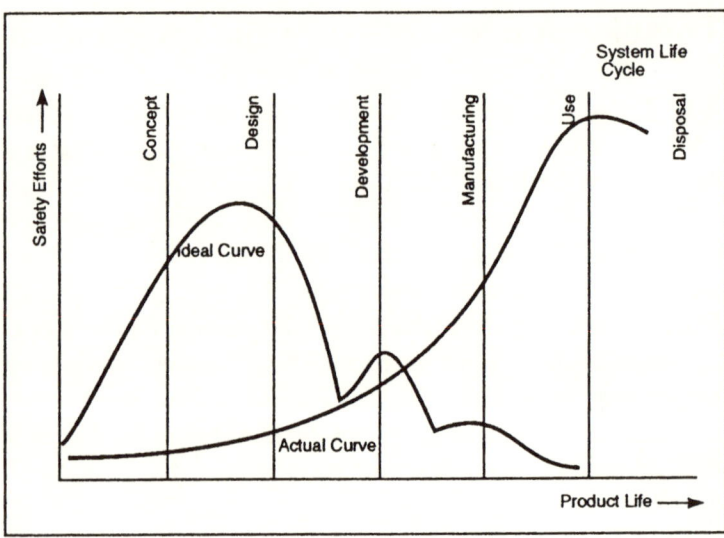

Abb. 1: Kosten-Nutzen-Optimierung über die gesamte Lebensdauer eines Produktes, abgeleitet aus der Risiko Management-Lehre

Käufer oder Nutzer ?

Erstaunlicherweise findet sich der Ausdruck ›Nutzer‹ in der Fachliteratur kaum;[1] der Nutzer heißt heute noch ›Verbraucher‹, obwohl Zukunftsforscher wie Töffler seit Jahren von ›pro-sumern‹ (producer-consumer) sprechen, den do-it-yourself Verbrauchern, welche dem Nutzer sehr nahe kommen.

---

1 Eine Ausnahme stellen die Veröffentlichungen des IFG Ulm dar; vgl. IFG Ulm (Hrsg.), Gestaltung und neue Wirklichkeit, Ulm 1988; ders., Kulturelle Identität und Design, Ulm 1989; ders., Im Namen des Nutzers, Ulm 1990; ders., Privat in der Öffentlichkeit, Ulm 1991; ders., Gemeinsam nutzen statt einzeln verbrauchen, Ulm 1992; ders., Das Individuum in der Gruppe, Ulm 1993.

Erst wenn der traditionelle Verkaufsakt wegfällt und statt der Güter deren Nutzen (bzw. die von den Gütern gewünschten Resultate) verkauft wird (z.B. durch Vermieten, Betriebs-Leasing oder ›build-and-operate‹-Strategien) wird die Strategie der Produktdauer-Risikooptimierung für den Hersteller wirtschaftlich interessant. Dann könnte die heutige Strategie der fehlenden Produktoptimierung während der Nutzung auf die Wirtschaftlichkeit eines Unternehmens, das Nutzen verkauft, fatale Folgen haben.

Die unvermeidlichen Qualitätseinbußen beim heutigen Vorgehen hat die Firma Minolta schon vor ein paar Jahren dazu gebracht, ihre Produktstrategie radikal umzustellen.[2] Das Wissen, nicht mehr genügend Zeit zu haben, um gute Produkte herstellen zu können, steht dem Selbstverständnis der Japaner entgegen. Der von ihnen gewählte Ausweg aus der Geschwindigkeitsfalle ist: Statt immer neuer Einzelprodukte wird Minolta in Zukunft Produkte im Baukasten-Prinzip (wie das Spielzeugsystem »Lego«) gestalten; damit lassen sich Verbesserungen bestehender Produkte durch Komponenten-Austausch nachträglich, d.h. während der Nutzung eines bereits erworbenen Produktes, realisieren. Dieser Austausch ist aus Sicht des Kunden aufgrund der Verbesserung seiner Nutzensituation eine hochqualitative Dienstleistung. Minolta will also nicht mehr alle drei Monate ein neues Produkt auf den Markt werfen, sondern alle zwei Monate eine nachrüstbare Option, welche z.B. den Energieverbrauch, die Bedienerfreundlichkeit oder die Sicherheit verbessert. Ziel ist die Verbesserung der Kundenzufriedenheit ohne die Notwendigkeit eines ansonsten erforderlichen Produktaustausches.

Eine andere Strategie der Schaffung von Kundenzufriedenheit hat Toyota entwickelt: Seit letztem Jahr werden bestimmte Automodelle in der Schweiz mit einer umfassenden Garantie von 3 Jah-

---

2   Vgl. DEUTSCH, C. (1994), Abschied vom Wegwerfprinzip – Die Wende zur Langlebigkeit in der industriellen Produktion, Stuttgart 1994.

ren und 100.000 Kilometern incl. aller Wartungs- und Service-leistungen verkauft (alle Kosten außer Reifen und Benzin sind im Verkaufspreis eingeschlossen). In Frankreich hat Toyota Anfang 1994 eine ähnliche Garantie über 5 Jahre und 300.000 Kilometer angeboten. Die Aussage, die dahintersteht, ist klar: Unsere PKW sind qualitativ perfekt, also braucht sich der Käufer nicht mehr um das Auto zu kümmern: Toyota ist zuständig für die Technik (und die Wartungs- und Instandhaltungskosten), der Käufer kümmert sich um den Nutzen des Produktes (Transport). Das ist »carefree motoring«.

Die Erkenntnis, daß der Kunde mit dem Eigentum am Auto auch eine Verantwortung, die er nicht will, für ein Produkt übernimmt, von dem er im Grunde aber nichts versteht, wird damit zum zentralen Punkt des Marketings. Heute aber müssen die Verbraucher die meisten Produkte noch kaufen, um Zugang zu ihrem Nutzen zu erhalten, denn die Kosten von Kurzzeitmieten sind unverhältnismäßig teuer, und Langzeitmietobjekte für Privatpersonen gibt es mit Ausnahme von Wohnungen und Häusern kaum.

Material- und Verantwortungskreisläufe in nachhaltigen Wirtschaftssystemen

Nachhaltigkeit bedeutet ökonomisches Denken in Kreisläufen. Eng verknüpft mit dem Prinzip der Nachhaltigkeit ist das Prinzip geschlossener Material- und Verantwortungskreisläufe. Der Grund, warum Herr Töpfer mit seiner Rücknahmeverpflichtung für Verpackungen absolut richtig liegt (und das Duale System Deutschland falsch), liegt darin, daß es nicht genügt, die Materialkreisläufe zu schließen, sondern ebenso müssen die Verantwortungskreisläufe geschlossen werden. Verantwortungskreisläufe schließen heißt aber: Wenn der Kunde ein Produkt nicht mehr will, gibt er es dem Verkäufer zurück, der es ihm verkauft hat;

wenn der Verkäufer das zurückgegebene Produkt nicht mehr will, gibt er es wiederum seinem Verkäufer zurück. Wertlose Güter (bzw. Produkte mit Entsorgungskosten) kommen somit am Schluß ihres Lebens zu dem Akteur zurück, der am Anfang ein wirtschaftliches Interesse daran hatte, sie auf den Markt zu bringen; Güter mit einem wirtschaftlichen Wert werden hingegen aus wirtschaftlichen Gründen durch andere Akteure in einen neuen Kreislauf gebracht.

Bei geschlossenen Verantwortungskreisläufen entfallen die Diskussionen über das Internalisieren der Kosten einer umweltgerechten Entsorgung bzw. der Rezyklierbarkeit von Materialien quasi automatisch. Gemäß den Regeln der freien Marktwirtschaft ändern »schlechte« Unternehmen ihr Verhalten oder sie verschwinden vom Markt. Auch das Problem der Altlasten, die dreißig Jahre später von der Allgemeinheit finanziert werden müssen, entfällt. Wenn Unternehmen wissen, daß sie für künftige Sanierungs- oder Entsorgungskosten haftbar sein werden und diese Haftungsfähigkeit zudem durch eine Versicherungspolice belegen müssen, überlegen sie sich, ob diese zukünftige finanzielle Belastung wirtschaftlich sinnvoll ist, da sie dafür höhere Versicherungsprämien bezahlen müssen. Im Sinne der geschlossenen Verantwortungskreisläufe ist eine obligatorische Umwelthaftungsversicherung aus zwei Gründen kaum zu umgehen: Unternehmen können sich ihrer Verantwortung durch Schließung, Bankrott usw. entziehen, und haben dies in der Vergangenheit auch getan. Versicherungen sind finanzielle Risk Manager ›par excellence‹, da sie nur Risiken versichern können, die versicherbar sind – d.h. für die sich die zwölf Kriterien der Versicherbarkeit überhaupt bestimmen lassen![3] Die Unternehmen mit den höchsten Risiken würden deshalb gezwungen, ihre Anlagen und

3 Vgl. BERLINER, B. (1984), Die Versicherbarkeit von Risiken, Schweizer Rückversicherung Zürich, Zürich 1984.

Produkte versicherbar zu gestalten oder aber ihre Tätigkeit aufzugeben, bevor es zur Katastrophe kommt.

Unter den Material-Kreisläufen sind die Kreisläufe für Produkte und Wertstoffe zu unterscheiden (vgl. Abb. 2). Im deutschen Sprachgebrauch ist mit der Entscheidung, alle Kreisläufe ›Recycling‹ zu nennen, ein großer Fehler gemacht worden (Produktrecycling für Güter und stoffliches Recycling für Wertstoffe). Denn diesen zwei Kreisläufen ist nur gemeinsam, daß sie Kreisläufe sind und daß beide auf die Rohstoffnachfrage am Anfang und das Abfallvolumen am Ende einen mäßigenden Einfluß haben.[4] Was aber ihre Wirtschaftlichkeit und ihren Einfluß auf Technologieförderung und Nachhaltigkeit betrifft, liegen Welten zwischen den zwei Kreisläufen.

Wiederverwertung von Komponenten: Das »Salatschüssel«-Beispiel

Die besten Salatschüsseln der Welt bestehen aus säure- und hitzeresistentem, kratzfestem Glas und kosten 10–15 DM, je nach Größe. Wie können solche high-tech Glasschüsseln so billig sein? Es handelt sich um die Glaseinsätze in den Türen alter Waschmaschinen. Beim heutigen Recycling wird die ganze Waschmaschine in den Schredder geworfen, und das Glas wird zu Sondermüll, da es nicht rezyklierbar ist. Wird die Waschmaschine aber demontiert und der Glaseinsatz als Salatschüssel verkauft, dann wird dieser ›Abfall‹ nicht zum Kostenfaktor, sondern zur Einnahmequelle.

Der Unterschied zwischen der Wirtschaftlichkeit von Recycling und derjenigen der Wiederverwendung von Gütern ist fun-

---

4   Vgl. STAHEL, W.R. (1991), Langlebigkeit und Materialrecycling – Strategien zur Vermeidung von Abfällen im Bereich der Produkte, Essen 1991.

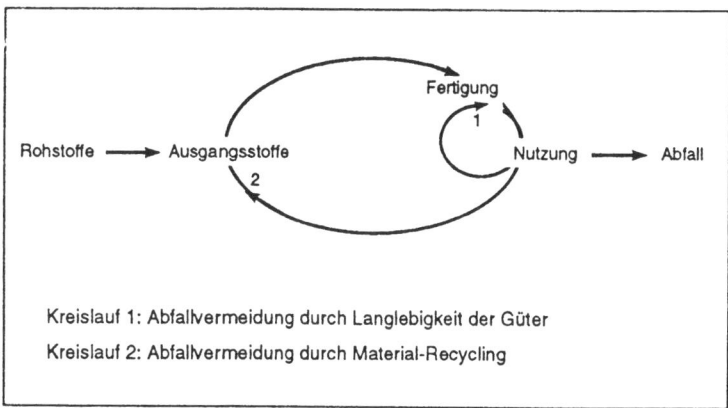

Kreislauf 1: Abfallvermeidung durch Langlebigkeit der Güter
Kreislauf 2: Abfallvermeidung durch Material-Recycling

Abb. 2: Die Kreisläufe ›Langlebigkeit von Gütern‹ und ›Material-Recycling‹

damental. Zudem steht die Wiederverwendung von Gütern im Wettbewerb mit teuren (Neu-)Produkten, das Recycling hingegen im Wettbewerb mit häufig billigeren Rohstoffen. Eine vermehrte Wiederverwendung von Gütern und Komponenten führt zu höheren Preisen für Neugüter – der Vorteil der neuen Strategie nimmt zu; ein vermehrtes Recycling führt hingegen im Extremfall zu einem Verfall der Rohstoffpreise – Recycling tötet sich dann durch seinen Erfolg.

Soichiro Honda und Technologiepolitik

Jede Wahl zwischen Material-Recycling und Produktdauerverlängerung ist auch eine Technologiewahl. Soichiro Honda hat nach dem zweiten Weltkrieg den Amerikanern gebrauchte Kleinmotoren abgekauft, auf Fahrräder montiert und das Ganze als Motorrad verkauft. Der nächste Schritt war, Sportwagen als Motorräder mit 4 Rädern zu bauen; und schließlich normale PKWs, ja sogar Formel 1-Wagen. Und all das geschah seit Ende der vierziger Jahre. Heute ist Soichiro Honda's Firma weltweit

75

Nr. 1 bei Motorrädern und unter den ersten 5 bei den PKWs. Hätte Soichiro Honda sich ins Recycling dieser Gebrauchtmotoren gestürzt, so wäre der Schrotthändler Honda in Tokio vermutlich in Europa unbekannt geblieben.

Dies ist kein Einzelbeispiel: Gleiches gilt für IAI (Israeli Aircraft Industries) und eine Reihe weiterer dynamischer Firmen, welche mit der Wartung und Produktdauerverlängerung von Gütern begonnen haben und schnell gemerkt haben, daß sie Güter besser machen können als die Hersteller, weil sie das Problem anders – nämlich von der Nutzung her – anpacken. Firmen hingegen, die ins Recycling einsteigen, kommen meist zum Schluß, daß das Recycling subventioniert werden muß. Ähnlich verhält es sich auch mit Firmen, die ›end-of-pipe‹-Technologien entwickeln und dann nach einer Gesetzgebung rufen, welche ihre Lösung zwingend vorschreibt (Beispiel Katalysator). Die Übertragung des Sprichwortes »Vorbeugen ist besser als heilen« bzw. der Erkenntnis des Risk Managements »prevention is cheaper than cure« ins Umweltdenken (›Abfallvermeidung ist billiger als Entsorgung‹) ist offensichtlich noch in weiter Ferne!

Die Auswirkungen von Verantwortungskreisläufen wird aus Abbildung 3 ersichtlich. Die Abbildung zeigt die Entwicklung der Verpackung des Siemens PC vor 1988, ab 1988 (verdoppelte Transporteffizienz durch Reduktion des Volumens um 50%) und im Jahre 1992. Bei der letzten Lösung handelt es sich um eine Mehrwegverpackung, die ohne Karton und Styropor auskommt: Die Verpackung läßt sich zusammenfalten und mit minimalem Platzbedarf zur Wiederverwendung zurückschicken.

Doch dann kam das Duale System Deutschland dazwischen: In neueren Siemens Veröffentlichungen fehlt das dritte Bild, dafür trägt das zweite den grünen Punkt. Die Moral von der Geschichte: Wenn ein Hersteller seine Verantwortung gegen Zahlung relativ geringer Gebühren loswerden kann, muß er schon sehr »grün« oder unklug sein, es nicht zu tun. Wozu sich bemühen, wenn sich das gleiche Resultat durch eine Strafsteuer nach

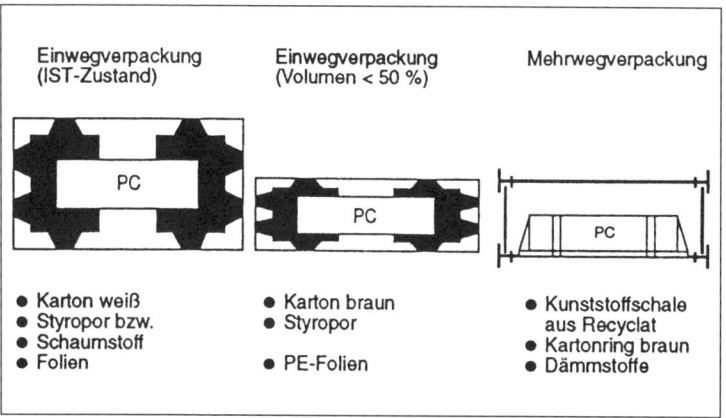

Einwegverpackung (IST-Zustand)	Einwegverpackung (Volumen < 50 %)	Mehrwegverpackung
PC	PC	PC
● Karton weiß ● Styropor bzw. ● Schaumstoff ● Folien	● Karton braun ● Styropor ● PE-Folien	● Kunststoffschale aus Recyclat ● Kartonring braun ● Dämmstoffe

Abb. 3: Die Entwicklung der Verpackung des Siemens PC Ende der 80er

dem Muster der Ablaßbriefe regeln läßt? Die Absatzprobleme des Material-Recyclings sind am wirtschaftlichsten lösbar durch ein Schließen der Verantwortungskreisläufe, d.h. die Rücknahme und Wiederverwendung der Wertstoffe durch deren Hersteller.

Eine Betrachtung des kleinen Kreislaufs in Abbildung 2 »Wiederverwendung von Gütern« mit der Lupe zeigt, daß sich darin mehrere Strategien verstecken (vgl. Abbildung 4): Der kleinste Kreislauf entspricht der Wiederverwendung von Gütern (Beispiel Mehrwegflasche), der zweite betrifft die Reparatur und Instandhaltung von Gütern, der dritte das Aufarbeiten und technologische Hochrüsten von Gütern. Aufarbeitung ist der gebräuchliche deutsche Ausdruck für »re-building, re-conditioning, re-manufacturing«; er erklärt aber nur indirekt, worum es sich handelt: Re-manufacturing heißt klar ›Wieder-Fertigung‹ und nicht Entsorgung!

Vor diesem Hintergrund wird deutlich, warum Rohstoff-, Komponenten- oder Produkthersteller von einer Verlängerung der Nutzungsdauer von Gütern nicht begeistert sind: Eine nutzungsorientierte Wirtschaft, gekennzeichnet durch Langzeitgüter und Nutzungsdauerverlängerungs-Dienstleistungen, braucht die Hersteller nur noch als Zulieferer, als ›Ersatzteillieferanten für die Nutzungssysteme‹. Eine nachhaltige Wirtschaftsstruktur fördert und perfektioniert primär die Kreisläufe der Wiederverwendung (Logistik und Funktionsnormung), der Reparatur, der Instandsetzung und Aufarbeitung, des Hochrüstens bestehender Güter; zudem fördert sie die Entwicklung von innovativen Komponenten (z.B. selbstreparierende, wartungsfreie, fehlertolerante Komponenten), von facharbeitsintensiven dezentralen Werkstätten statt globaler Roboterfabriken, von ›Minimills‹ statt großer Stahlwerke, und von neuen Märkten für Gebrauchtgüter, -komponenten und Wertstoffen.

Könnte man nicht argumentieren, daß wir nur Herstellung und Recycling von Gütern perfektionieren müßten, und damit auf mögliche Systemänderungen und die Dienstleistungen der Nutzungsdauerverlängerung verzichten könnten? Bestehende Strukturen (Beispiel Handwerksordnung mit dem Gebot der beruflichen Spezialisierung und dem Verbot von Generalisten) unterstützen meist diese andere Argumentation und erschweren die Umsetzung der Kreisläufe: In Ländern ohne Handwerksordnung ist es deshalb oft einfacher, Reparaturspezialisten zu finden. Es gibt aber einen triftigen Grund, wieso diese andere Argumentation pessimistisch stimmen muß: Honda hat gezeigt, daß die Kreisläufe umso wirtschaftlicher und technologiefördernder sind, je kleiner sie sind. Unternehmen, welche sich auf Herstellung und Recycling versteifen, könnten international an Wettbewerbsfähigkeit einbüßen und sich wirtschaftlich ihr eigenes Grab graben; denn noch fehlen Technologien und Märkte der Nutzungsdauerverlängerung, für deren Entwicklung es Zeit braucht – aber schon in Kürze wird Nutzungsdauererfahrung Vorsprung und höhere Gewinnspannen bedeuten! Zwischen Japan, Europa und Amerika lassen sich bereits heute ganz verschiedene Strategien beobachten, wie diese Fragen angepackt werden können: Europa hatte anfangs einen Vorsprung; da diese neue Sicht aber

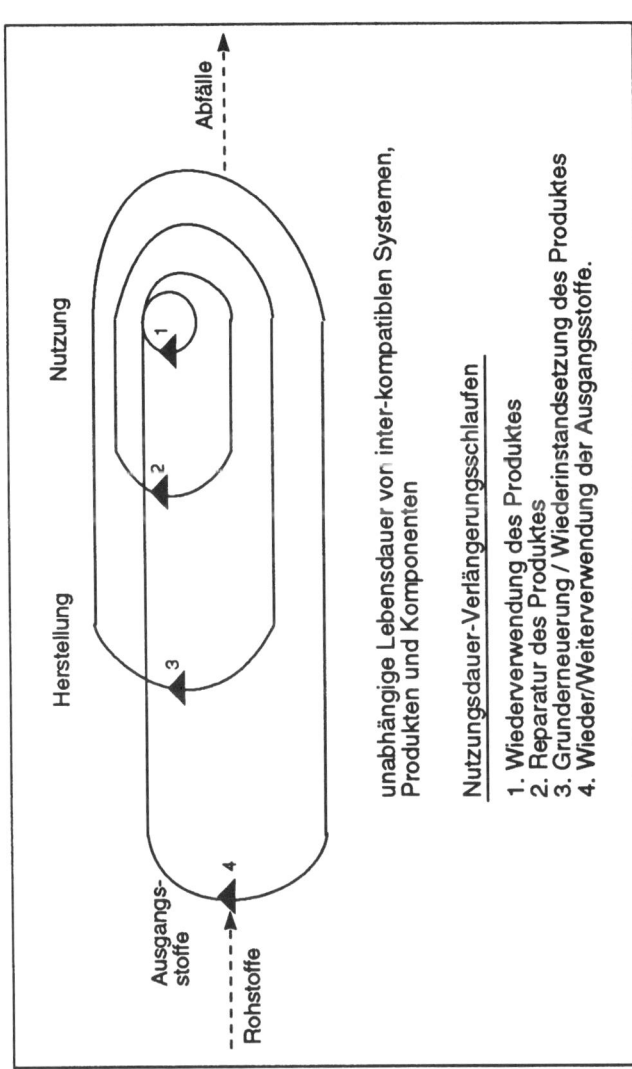

Abb. 4: Das sich selbstversorgende Kreislaufsystem mit Nutzungsdauerverlängerungs-schlaufen und Materialrecycling

nicht in die Struktur unseres Industrieverständnisses hineinpaßt, sind wir daran, diesen Vorsprung großzügig zu verschenken.

Nachhaltigkeit

Allen Kreisläufen ist gemeinsam, daß sie die Rohstoffindustrie wie auch die Abfallindustrie der Industrieländer stark beeinflußen werden. Ein weiterer wesentlicher Unterschied zwischen der Nutzungsdauerverlängerung von Gütern und stofflichem Recycling wird erst aus der Sicht der Nachhaltigkeit, und insbesondere einer Analyse der Stoffströme, ersichtlich: Recycling bewirkt weder eine Verminderung der Geschwindigkeit noch des Volumens der Stoffströme: Durchflußmenge wie Durchflußgeschwindigkeit der Stoffströme am Verkaufspunkt bleiben unverändert, unabhängig davon, ob die Wirtschaft linear verläuft (von Rohstoffausbeutung zu Fertigung zu Nutzung zu Abfall) oder in Recycling-Kreisläufen.

Dagegen bewirken die Kreisläufe der Nutzungsdauerverlängerung durch re-building, re-conditioning oder re-manufacturing ein längeres Verweilen der Produkte (und Stoffe) im Markt und damit eine Verringerung der Geschwindigkeit der Stoffströme. Die Regel dazu ist denkbar einfach: Wenn in einem gesättigten Markt die Verweildauer (die Nutzungsdauer) verdoppelt wird, so reduziert sich die Geschwindigkeit der Stoffströme um 50%. Natürlich verringern sich dadurch auch das Abfallvolumen und die Rohstoffnachfrage um die Hälfte, ebenso wie der Fertigungsaufwand, die Abfallbewirtschaftung sowie der zugehörige Transport- und Verpackungsaufwand.

Ressourcenschonung und höhere Ressourceneffizienz

Eine Verlängerung der Produktdauer durch Langzeitgüter und Nutzungsdauerverlängerung ist eine Strategie zur Verlangsamung der Stoffströme. Eine intensivere Nutzung von Gütern durch multifunktionale Produkte und geteilte Nutzung erlaubt eine Verringerung der Stroffstromvolumina.

Dolce far niente

Die einfachste Strategie besteht oft darin, nichts zu tun: Die umweltfreundlichste Art des Rasenmähens ist das Wachsenlassen der Gräser! Oder um ein anderes Beispiel zu bemühen: Wieso sollte man seine Handtücher in Hotels jeden Tag waschen lassen? Die Aufforderung der europäischen Hotels: »Handtücher in der Badewanne = waschen, Handtücher auf dem Halter = Umweltschonung« wird in Europa wohlwollend aufgenommen, stößt aber in Amerika zuweilen auf den Einwand der nicht erfolgenden Honorierung dieser Leistung des Kunden (»dann will ich einen Rabatt auf den Zimmerpreis!«). Amerikaner reagieren tendenziell ökonomisch orientiert; Europäern hingegen genügt es oft zu wissen, daß 50% der Umweltbelastung durch Waschmittel, Tenside, Abwasserreinigung und Waschmaschinenherstellung vermieden werden, wenn Handtücher nur jeden zweiten Tag gewaschen werden. Nichtstun kann durchaus umweltfreundlich sein.

Dauerhaftigkeit verlangt nicht nur Anpaßbarkeit, sondern auch ein Vorausdenken und aktives Suchen von besseren Lösungen. Die ersten Drucker für PCs hatten Wegwerfmodule, die über die Lebenszeit des Druckers erhebliche Mengen an Abfall in Form von Verbrauchsmaterial (Tonermodule etc.) produzierten. Dieses Verbrauchsmaterial kostete je nach Nutzungsintensität u.U. ein Mehrfaches des Druckers.[5] Dann kamen Drucker mit Mehrfachdruckkopf auf den Markt, die eine Reduktion dieses Abfalls um die Hälfte bewirkten. Und schließlich kamen die Langzeitgeräte: Drucker mit einem Druckkopf mit Piezotechnik, der ewig hält und entsprechend wenig Abfall entstehen läßt; der wartungsfreie Kyocera Ecosys-Drucker, ein Produkt der neuen Langsamkeit – die Gefahr, daß ein anderer Hersteller eine Lösung mit weniger Abfall (und Abfall gleich Betriebskosten!) findet, ist relativ klein. Daß damit auch Ersatzteil-Verkaufschancen »verschenkt« werden, liegt in der Natur der Ressourcenschonung.

Die Ecosys-Laserdrucker von Kyocera, die mit den Argumenten der Wartungsfreiheit und der geringeren Kosten pro Seite verkauft werden (und welcher Nutzer könnte dagegen etwas einwenden?), basieren auf einem Materialwechsel von Silizium zu Keramik: Da der wichtigste Abfall beim Laserdrucker die siliziumbeschichtete Bildtrommel ist, kann eine mit Keramik beschichtete Langzeit-Bildtrommel, die selbstreinigend ist und die Verwendung von Rauhfaserpapier problemlos erträgt, dieses Abfallproblem vermeiden. Zudem kann ein wartungsfreies Gerät über den Versandhandel verkauft werden, weil kein Service für Wartung und Reparatur gebraucht wird. Ein Quantensprung in eine neue Langzeittechnologie anstelle einer linearen Fortschreibung der Technik.

5   Vgl. DEUTSCH, C. (1994), a.a.O.

Eine Studie von zwei Stipendiaten des IFG 92 Ulm ist ein anderes Beispiel für Innovation durch die Beschäftigung mit Abfallvermeidung[6]: Jeder kennt die Mehrwegflasche; wieso macht man nicht das Gleiche mit Konservendosen? Es gäbe keinen Grund mehr, Konservendosen wegzuwerfen, wenn der Deckel abnehmbar wäre. Die Stipendiaten haben im abschraubbaren Deckel auch Ausguß und Sicherheitsverschluß integriert, und zudem die Dosen stapelbar gestaltet (Mehrwegflaschen lassen sich für den Rücktransport nicht stapeln): Eine perfekte Lösung – aber bei Stahlherstellern nicht sehr populär; denn wenn Konservendosen langlebig und wiederverwendbar werden und Fahrzeuge aus Energiespargründen aus Leichtmaterialien gebaut werden, gehen der Stahlindustrie wichtige Absatzbereiche verloren.

Nutzungsdauerverlängerung: Das (wahre) Märchen vom Weltrekord-Schrott

Es war einmal ein arbeitsloser schottischer Rad-Amateur, mit wenig Geld und nur einer kaputten Waschmaschine als Besitztum, der beschloß, sich mit Hilfe seiner kaputten Waschmaschine ein Rennrad zu bauen, um damit den legendären Stundenrekord von Francesco Moser zu brechen und weltberühmt zu werden. Ein Märchen aus Tausend-und-eine-Nacht? Ganz offenbar, denn professionelle Rennräder sind heute high-tech Produkte, die ein Vermögen kosten.

Greame Obree aber, unser Märchenprinz, überlegte sich die Sache anders: Um schneller vorwärts zu kommen, muß der Druck auf die Pedale erhöht werden. Das ist möglich, indem man ein fahrbares Sportgerät baut, daß es erlaubt, durch die Kraft der

6   Vgl. IFG (Hrsg.) (1993), Gemeinsam nutzen statt einzeln verbrauchen, Gießen 1993.

Rücken- und Oberarmmuskeln den Druck auf die Füsse zu erhöhen, indem man sich vom Radlenker abstößt. Obree ist denn auch der erste Radfahrer, der als Hobby Gewichtheben betreibt, um schneller fahren zu können, und zwar mit einer Übersetzung, die kein anderer Radfahrer bisher geschafft hatte; und auch der erste, der mit einer Investition von 200 Mark und einer kaputten Waschmaschine ein Weltrekordrad gebaut hat. Der neue Rekord von Obree ist unterdessen von der UCI (Radsport-Weltverband) anerkannt, sein selbstgebautes Rad hingegen verboten worden – mit dem Argument, daß ein Rennrad funktionssicher und im Handel erhältlich sein müsse! Wo kämen wir hin, wenn die Gralshüter des Fortschritts es zulassen würden, daß arbeits- und mittellose Amateure mit ihren Innovationen die Welt der Technikrekorde lächerlich machen? Oder wäre umgekehrt die Anwendung dieser Bedingung vielleicht gar die geniale Lösung für eine Ökologisierung des Sports (Beispiel Formel 1- Rennen, Motorbootrennen usw.)? Und damit wären wir wieder bei Soichiro Honda: Wer eine Waschmaschine rezykliert, hat sich den »Schrott« nie mit den hungrigen Augen von Greame Obree angeschaut.

Demgegenüber gebräuchlicher erscheinende Strategien der Nutzungsdauerverlängerung sind Aufarbeitung, technologisches Hochrüsten und Ent-Schaffung (das Gegenstück zur Be-Schaffung). Letzteres sei im folgenden an einem Kopiergerät beispielhaft erklärt. Die Firma Xerox hat gezeigt, daß Langzeitgeräte nicht mehr primär für die Fertigung, sondern für die Wieder-Fertigung, die Aufarbeitung, konzipiert werden müssen. Wenn Komponenten ›re-manufactured‹ werden können, dann können sie auch ›manufactured‹ werden. Eine weitere Vorbedingung ist die Zusammenlegung der Tätigkeiten ›Herstellung‹ und ›Aufarbeitung‹, um die wirtschaftliche Wiederverwendung von Komponenten zu erlauben. Als Ausgangsstoffe dienen die Altgeräte (der »Schrott«) sowie Neuteile zum Nachrüsten der technologischen Innovation. Die Altgeräte werden demontiert, und mit Pressluft,

Wasser und Seife gereinigt (alles andere wäre nicht ökologisch). Dann werden die Komponenten auf ihre Funktion geprüft, Einzelteile repariert, Funktionskontrollen und Sicherheitstests der re-montierten Geräte durchgeführt – und aus der Fabrik kommt ein Kopierer der letzten Generation, mit allen Leistungsmerkmalen eines modernen Kopierers, der aber zu 80% aus aufgearbeiteten (Gebraucht-) Teilen besteht. Und: Das neue Gerät ist in einem Bruchteil der Zeit im Markt erhältlich, die für eine Neukonstruktion notwendig gewesen wäre!

Qualität: Neu interpretiert

Diese nachhaltige Vorgehensweise ist für Mietgeräte ideal – denn noch dürfen neue Produkte, die aus Altteilen bestehen, nicht als neu verkauft werden. Was der Gesetzgeber als Lösung überlegen könnte: Die Langzeitgarantie eines Herstellers gilt als gleichwertige Alternative zur gesetzlichen Anforderung »nur Neu gilt als gut und qualitativ hochwertig«. Wenn Firmen wie Toyota und Xerox für ihre Produkte eine ›unbegrenzte‹ Qualitätsgarantie über drei oder fünf Jahre geben, dann wird die gesetzliche Vorschrift, daß ein neues Produkt aus neuen Teilen bestehen muß, irrelevant. Der Kunde will ein funktionierendes Gerät, das ihm keine unerwarteten Kosten verursacht – d.h. er kauft die Funktion: Qualität definiert als funktionierende Systemnutzung mit Kostengarantie über lange Zeiträume.

Wirtschaftliche Bewertung der Produktlebensdauer

Welches sind die Auswirkungen auf die Wirtschaft, wenn PKWs zehn oder zwanzig Jahre lang gefahren würden? Sollte ein Auto überhaupt zehn Jahre lang fahren dürfen, oder verschmutzt es in zunehmendem Maße die Umwelt? Diese Fragen lassen sich am besten beantworten, indem man es tut: Am Beispiel des (japanischen) PKWs des Autors aus dem Jahre 1969 läßt sich nachweisen, daß der Benzinverbrauch damals in etwa dem durchschnittlichen Verbrauch von heute vergleichbar ist. Auch die Auswirkungen der Langzeitnutzung eines PKWs auf die Volkswirtschaft lassen sich damit aufzeigen: Abbildung 5 zeigt die Kostenanalysen des PKW des Autors über die ersten 10 Jahre, sowie über die ersten 20 Jahre (ohne Benzin und Versicherungskosten):

Nach 10 Jahren macht der Kaufpreis noch den Löwenanteil von 57% der Gesamtkosten aus; die Arbeitskosten in Werkstätten sind mit 19% relativ bescheiden, ebenso Ersatzteile mit einem Anteil von 18%. Nach 20 Jahren hingegen ist der Anteil des (unveränderten) Kaufpreises an den Gesamtkosten auf 31% gesunken, während der Anteil der Arbeitskosten in Werkstätten (Mechanik und Karosserie) auf 36% gestiegen ist, derjenige der Ersatzteile auf 29%.

In dem 20-jährigen Auto stecken demzufolge mehr Ausgaben und damit Investitionen in Form von lokaler Lohnarbeit als in Form des Verkaufspreises. Dazu kommen Ersatzteile und Verbrauchsmaterial, die sich mit dem Kaufpreis in etwa die Waage halten. Dieser Vergleich erklärt, wieso die meisten Hersteller von Gütern, Komponenten und Rohstoffen in einer verkaufsorientierten Wirtschaft kein Interesse an der Strategie der Nutzungsdauerverlängerung haben können: Dies hat weniger mit Fortschritt, Umweltschutz oder Sicherheit zu tun als mit massiven Umsatzeinbußen, verursacht durch eine Regionalisierung der Wirtschaft; eine längere Nutzung von Gütern entspricht einer Substitution von Fertigung (und Robotern) durch örtliche Werkstätten (und Facharbeiter), sowie einer Substitution von Energie durch Arbeit. Die Ersatzteile kommen teilweise aus der Demontage anderer »Alt«-Fahrzeuge, teilweise von herstellerunabhängigen Zulieferern, und können somit die Umsatzeinbußen im Neuwagenverkauf nicht kompensieren.

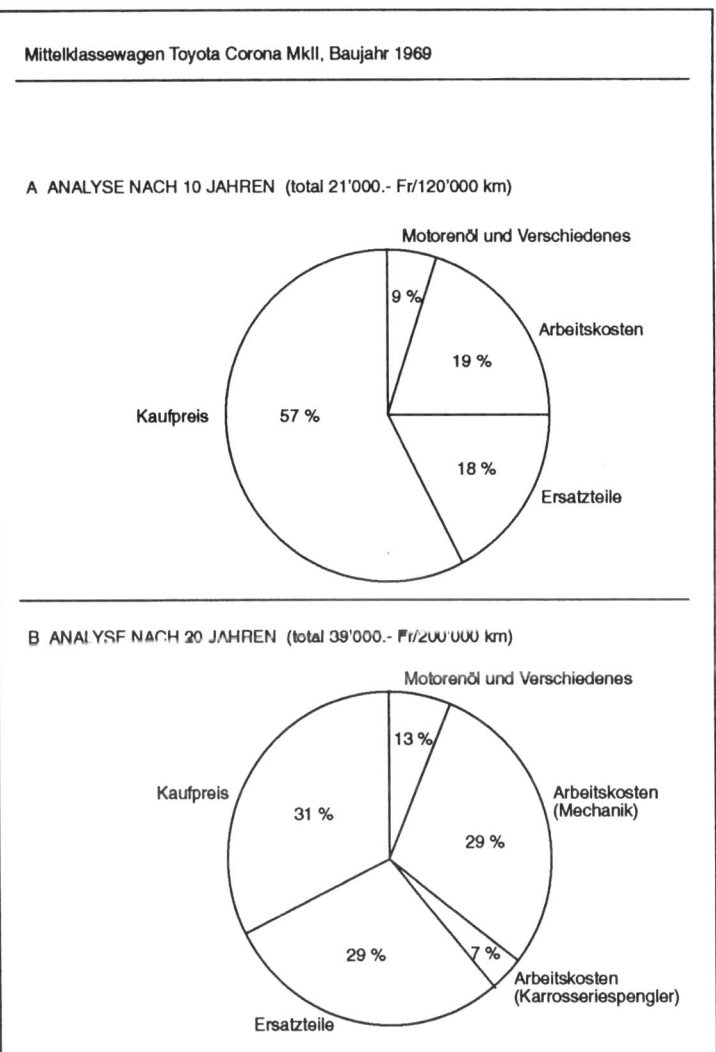

Abb. 5: *Vergleich der Inputs an Energie und Arbeit für die Fertigung bzw. die Aufarbeitung eines PKW mit einer Nutzungsdauer von zehn bzw. zwanzig Jahren (ohne Betriebsstoffe)*

Intensivere Nutzung von Gütern als Verminderung der Stoffstrom-Volumina

Eine intensivere Nutzung von Gütern durch multifunktionale Produkte, geteilte Nutzung und Systemlösungen erlaubt eine Verringerung der Volumina von Stoffströmen. Eine Verlängerung der Produktdauer durch Langzeitgüter und Nutzungsdauerverlängerung ermöglicht dagegen eine Verlangsamung der Stoffströme. Zur Erhöhung der Intensität der Nutzung von Gütern steht eine Vielfalt von Strategien und Organisationsarten zur Verfügung, die heute noch kaum ausgenützt werden. Eine geteilte Nutzung von Gütern kann zum Beispiel durch Betreiber-Firmen wie Waschsalons, die Bundesbahn und Luftverkehrsgesellschaften, aber auch durch Zusammenschlüsse von Einzelpersonen in Gruppen (car pooling) und Nutzer-Genossenschaften (sharing communities, Statt-Auto) erfolgen. Eine höhere Ressourceneffizienz kann ferner durch technische Strategien, wie multifunktionale Produkte (das Schweizer Militärmesser, das Kopierer-Scanner-Drucker-Fax-Gerät von Siemens) und System- statt Produktlösungen (der Leuchtturm zur Erhöhung der Sicherheit des Systems Schiffahrt, Rail-Road-Auflieger statt Huckepack-LKWs auf der Bahn) erreicht werden. Für eine vollständigere Aufzählung dieser Strategien und ihrer Auswirkungen auf Wettbewerbsfähigkeit, Umwelt und Wirtschaft fehlt aber hier der Platz.

Nachhaltigkeit: Die Einführung des Faktors Zeit in die Wirtschaft

Was bedeutet Nachhaltigkeit als übergeordneter Begriff für eine längere und intensivere Nutzung von Gütern für die Wirtschaft? Nachhaltigkeit verlangt eine dynamische Betrachtung der Wirtschaft, d.h. die Einführung des Zeitbegriffs: »Zeit« verstanden als offener Faktor. Das Ziel eines nachhaltigen Wirtschaftens wird es dann, mit einem gegebenen Maß an Rohstoffen und Energie einen möglichst hohen Nutzen über einen möglichst langen Zeitraum zu schaffen.

Daraus folgt, daß in einer nachhaltigen Wirtschaft nicht mehr die Fertigung von Gütern (eine statische Betrachtung), sondern deren Nutzen über lange Zeiträume optimiert wird. Da beim Verkauf von langlebigen Gütern der Umsatz des Herstellers (Verkäufers) geringer wird, verlangt dies auch eine Neuorientierung des Marketings. Bei einem Verkauf von Nutzen bleibt der Umsatz des Vermieters (Betreibers) erhalten, obwohl bedeutend kleinere Mengen produziert werden. Dies kann für Gebrauchs- wie Verbrauchsgüter gelten: Eine Schweizer Chemiefirma, deren agrochemische Produkte in einem Land der Dritten Welt von einem Marktverbot bedroht waren, weil sich die Leute durch eine falsche Anwendung der Produkte vergifteten, entschloß sich, statt der Agro-Chemie das gewünschte Resultat ›unkrautfreie und ungezieferfreie Felder‹ zu verkaufen. Unter Einsatz von eigenen Ingenieuren und Ausrüstungen wurde dies erfolgreich getan, wobei sich mehrere Auswirkungen zeigten: Erstens ließ sich dieses Resultat mit nur 30% des früheren Produktvolumens erzielen. Zweitens ist die ›Produkthaftung‹ beim Verkauf von Resultaten viel umfassender als die Garantie für die Fertigungsqualität beim Verkauf von Produkten.

Die neue Struktur einer nachhaltigen Wirtschaft

Eine Änderung der Marktstrukturen, vor allem im Sinne einer Dezentralisierung und Regionalisierung, führt in jeder Wirtschaft auch zu Änderungen der Machtstrukturen.[7] Der betroffene Hersteller hat den Verkauf von Resultaten unterdessen aufgegeben und verkauft jetzt wieder Agro-Chemie, obwohl eigentlich alle Beteiligten wissen, daß dies aus der Sicht der Nachhaltigkeit (wozu auch die menschliche Gesundheit zählt) nicht die beste Lösung ist. Aber sie ist einfacher, genauso wie die Lösung DSD im Fall der Siemens PC-Verpackung (Abbildung 4).

Anpaßbarkeit als Zukunftsstrategie

Jean-Jacques Rousseau hat Bescheidenheit schon vor 200 Jahren klar als einen Schlüsselfaktor von Langlebigkeit und Nachhaltigkeit formuliert: »Die Fähigkeit vorauszusehen, daß gewisse Dinge nicht voraussehbar sind, ist von entscheidender Bedeutung«.

Nachhaltigkeit kann also nicht heißen, alles vorauszusehen, sondern soll ein Ansporn sein, sich so zu verhalten, daß nicht voraussehbare Ereignisse nicht zu Katastrophen führen, und daß technische Produkte und Systeme nachträglich hochgerüstet, d.h. an die nicht voraussehbare Entwicklung angepaßt werden können. Güter und Systeme müssen demnach so gestaltet werden, daß sie möglichst lange an künftige, zum Zeitpunkt der Gestal-

---

7   Vgl. GIARINI, O./STAHEL, W.R. (1989/1993), The Limits to Certainty, facing risks in the new Service Economy, Dordrecht, Boston, London 1989/1993.

tung noch unbekannte, Technologien und Nutzeranforderungen
angepaßt werden können: Eine Fragestellung, die in der heutigen Wirtschaft absolut fehlt und sicher eine gewaltige intellektuelle Herausforderung an die Ingenieure, Konstrukteure und De-
signer darstellt.

Die Verlangsamung der Stoffströme durch längerlebige Güter, in Verbindung mit einer durch Modulbauweise und Kom-
ponentenstandardisierung erreichbaren Anpaßbarkeit von Gütern (Beispiel Xerox), wird zu einer Beschleunigung der Umsetzung des technischen Fortschritts führen, indem statt Produkte
in vielen Fällen nur noch Komponenten entworfen, gefertigt und
ausgetauscht werden müssen. Die Ressourcenschonung wird dank
einer Minimierung des Einsatzes erreicht – und bewirkt gerade
deshalb auch eine Erhöhung der Wettbewerbsfähigkeit der Wirtschaft.

Nutzungsoptimierung als Ziel einer Dienstleistungsgesellschaft

Wenn diese Strategien eines nachhaltigen Wirtschaftens akzeptiert und realisiert werden, entsteht ein Bild hoher Komplexität
– aber es sind im Prinzip dieselben Kreisläufe: Im Zentrum des
Wirtschaftens steht die Nutzung, der zentrale Wertbezug ist der
Nutzungswert; und die Organisation ist diejenige einer Dienst-
leistungswirtschaft, die Nutzen optimiert und Nutzen verkauft.

Die Fertigung wird zum Zulieferer der Nutzungssysteme; die
Entscheidung über einen Ersatzkauf liegt beim Nutzungsopti-
mierer (Betreiber), der auch einen bedeutenden Einfluß auf das
Pflichtenheft ausübt (Beispiel Boeing 777). Langlebigkeit bzw.
Nachhaltigkeit ist nicht mehr intellektuelle Spielerei, sondern
zentraler Faktor der Gewinnmaximierung von Unternehmen und
der Wettbewerbsfähigkeit von Volkswirtschaften! Das Marketing
der Wegwerfgesellschaft, das sich am Verbraucher bzw. am Ver-

kaufspunkt ausrichtet, ist damit obsolet geworden – es gibt für zahlreiche Produkte keine Verbraucher mehr, nur noch Betreiber und Nutzer.

BESCHLEUNIGUNG – EINE MODEERSCHEINUNG?

Klaus Steilmann

Mode – ein gesellschaftliches Phänomen

Seit Jahrhunderten gehört Bekleidungsmode zur Alltagskultur und stellt eine wichtige Ausdrucksform unserer Gesellschaft dar. Alle gesellschaftlichen Schichten haben Möglichkeiten gefunden, die Bedeutung und den Charakter unterschiedlicher Anlässe durch Aussehen und Art der Kleidung nicht nur zu unterstreichen, sondern auch zu einem wesentlichen Teil mitzugestalten. Inzwischen hat Mode sich aber auch zu einem heute sehr umstrittenen Thema entwickelt. Die einen halten sie für die schönste Nebensache der Welt, die anderen für ziemlich überflüssig und lästig, und noch andere möchten sie am liebsten sogar verbieten.

Daß letzteres nicht funktioniert, hat sich am inzwischen obsoleten Mao-Look in China am deutlichsten bewiesen, der alle Standes- und Rangunterschiede nicht zuletzt durch identische Kleidung egalisieren wollte. Bekleidung wurde dabei auf die reine Zweckerfüllung der Körperbedeckung reduziert. Wer Mode auf eine solche Weise für überflüssig hält, verkennt sie als immanenten Bestandteil unserer Kultur und übersieht die Realitäten der menschlichen Natur: Menschen haben ein Bedürfnis danach, individuell und einzig zu sein, sich zu unterscheiden. Sie wollen Abwechslung, wollen unbekannte Seiten an sich entdecken. Sie wollen schön sein und sich schön machen. Sie wollen gefallen, sich selbst und anderen, und sie sind nicht zuletzt eitler, als oft zugegeben wird.

Die enge Verbindung, die im Gefühl der Bevölkerung zwischen Begriffen wie Aktualität und Neuigkeit und der Bekleidungsmode heutzutage besteht, wird bereits bei der Betrachtung der deutschen Sprache evident. Mode hat schließlich zwei Bedeutungen, zum einen bezeichnet sie die aktuelle Bekleidung (»Modegeschäft«), zum anderen schlechthin jedweden aktuellen Trend, wie auch Wörter wie modern, modisch, unmodern zeigen. Damit ist die Bekleidungsmode quasi sprachlich zu einem

Synonym für Aktualität und Neuigkeit geworden. Entsprechend scheinen Modeentwicklungen unserer Zeit, die nicht zu Unrecht eine schnellebige genannt wird, heute für den Außenstehenden eine atemberaubende Geschwindigkeit aufzuweisen.

Moderne Mode

In früheren Jahrhunderten gab es in der Gesellschaft eine strenge Kleiderordnung, die relativ genau festlegte, wer welche Stoffe und Formen tragen durfte. Damals konnte sich Mode entsprechend nur innerhalb dieser relativ engen Grenzen entwickeln. Das führte dazu, daß das Aussehen der Kleidung, also die Mode, eine hohe Konstanz im Zeitablauf aufwies. Die Kleiderordnung selbst änderte sich zwar auch im Laufe der Zeit, doch dies geschah wiederum sehr langsam.

Seit die Kleiderordnungen aufgehoben wurden, wuchs die Vielfalt der Mode enorm. Stoffe und Formen konnten nun relativ frei gewählt werden, was zu einer Ausweitung der Stile führte. Die gerade aktuellen Stile konnten sich je nach Zeitgeist ändern. Eine engere und vor allem raschere Verknüpfung von Mode und Lebensgefühl begann.

Verstärkt wurde diese Entwicklung zu mehr und kurzlebigerer Mode durch das Entstehen der Konfektionsindustrie im 19. Jahrhundert. Dank neuer chemischer Erfindungen (z.B. Anilinfarben und Chemiefasern) sowie neuer Techniken (wie z.B. das Film-, Schablonen-, Rahmen-, oder Siebdrucken) ließen sich modische Abwechslungen preiswert und viel schneller massenhaft herstellen. Dadurch wurde Mode für breite Bevölkerungsschichten erschwinglich, die so die Abwechslung ihrer Kleidung deutlich erhöhen konnten.

Mit der Herausbildung der Konfektionsindustrie entwickelte sich das klassische Modegeschäft saisonal: Frühjahr- und Sommerkollektion sowie Herbst- und Winterkollektion bildeten dabei in Europa die beiden Hauptpole. Damit war auch die Beschleunigung der Modeprozesse von vorher langen Rhythmen auf einen einjährigen Rhythmus vorgegeben: Jedes Jahr wurde natürlich nicht die gleiche Sommer- bzw. Wintermode wie im vorigen Jahr präsentiert, sondern eine neue, eine, die den aktuellen Zeitgeist treffender repräsentiert.

Nach dem zweiten Weltkrieg konnten sich aktuelle Modetrends durch die neu entstehenden Informations- und Reisemöglichkeiten und die aufkommenden Modezeitschriften viel schneller als früher auch über Kontinente hinweg verbreiten. Dies hatte zum einen den Effekt, daß die oft zitierte Vereinheitlichungstendenz der Mode in den Industrieländern einsetzte. Zum anderen aber hatte diese Entwicklung auch die Konsequenz, daß sich nicht nur die Ausbreitungsgeschwindigkeit von Modetrends um die Welt erhöhte, sondern sich auch die Lebenszyklen der Mode selbst verkürzten. Schließlich standen als Quellen für neue Anregungen und Entwicklungen nicht mehr nur die eigene Kultur zur Verfügung, sondern auch die anderer, verbundener Kulturen. Nicht zuletzt dadurch löste sich die Modebranche von den zwei Hauptsaisons und entwickelte sich hin zu ca. vier bis sechs Orderrunden pro Jahr. Inzwischen ist man so weit, daß heute eine regelrechte »rollende Order« betrieben wird.

Von vielen Modekäufern unbemerkt beschäftigen sich die Fachleute hinter den Kulissen mit neuen Saisonthemen meist schon zwei Jahre im voraus. Mitglieder des »intercolor« – Arbeitskreises stimmen z.B. Farbvorschläge der im Mittelpunkt stehenden Saison ab. Auf dieser Basis entstehen nationale Farbkarten und auf der französischen Stoffmesse »Premiere Vision« treffen sich Fachleute anderthalb Jahre vor Saisonbeginn zu weitergehenden Trenddiskussionen im Farb- wie Stoffbereich. Aus der Synthese aller Vorschläge entstehen Farbkarten, die vor allem zur Information für die Konfektionäre wie für den Handel dienen. Die zeitliche Überlappung bereitet den Boden dafür, daß die Modetrends prinzipiell weiter an Beschleunigung gewinnen können.

Alles geht: Mode jenseits der Zyklen

Das Modekarussel dreht sich heute mit einer solchen Geschwindigkeit, daß manche Beobachter neue Begriffe suchen, um die momentane Situation überhaupt noch beschreiben zu können. Im Fachjournal Textilwirtschaft (Heft 49/1993) heißt es dazu unter dem Stichwort »Trends und Gegentrends in der Mode«:

»In den sechziger und siebziger Jahren war es mit der Mode noch einfach. Es gab Zielgruppen und denen hat man die Genre-Stufen der Mode zugeordnet. Oben war die Haute Couture, unten war Levis. In den achtziger Jahren hatten wir es mit einem Archipel der Mode zu tun, mit vielen kleinen und großen Inseln der Stile und Geschmacksmuster. Die Inseln hießen zum Beispiel Chanel oder Timberland oder Ralph Lauren. Die neunziger Jahre sind viel komplizierter. Morace nennt sein neues Denkmodell eine »Fashion Subway«. Er veranschaulicht das mit dem Metro-Plan in Paris. Es gibt viele Metro-Linien und viele Stationen. Eine Linie ist ein Stil oder eine Geschmacksrichtung. Man kann umsteigen. Beliebig oft. Von einem Stil in den anderen, bei jeder Gelegenheit und zu jeder Zeit. Wie heißen die U-Bahn-Linien? Zum Beispiel: Tradition, Griffes (Marken), alternative Stile, Zweitlinien, High Casual, Basics, Naturewear, Sportswear, Jeanswear, Haute Couture. Es gibt keinen Total Look mehr. Man kann alles miteinander mixen. Man kann die Anlässe pervertieren. Das Festliche wird zur Tagesmode (Dolce e Gabbana), Jeans werden Teil des Prêt-à-Porter. Wir kommen zu einer Mode jenseits der Zyklen.«

Man kann es auch anders ausdrücken: Die Modeindustrie kennt den Modezyklus nicht mehr. Vielmehr stehen wir vor einer Vielzahl durch modische Richtungen geprägter Kleinstzyklen, die sich überlappen, so daß der Eindruck eines Geschwindigkeitsrausches entsteht: Anything goes.

Das Modekarusell dreht sich

Analysiert man die Geschwindigkeit modischer Veränderungen genauer, indem man vom hochaggregierten Level der »gesamten Mode« heruntergeht auf den Level der Einzelzyklen, so stellt sich heraus, daß der wahrgenommene Beschleunigungsrausch modischer Veränderungen keineswegs so abläuft, wie oftmals journalistisch herausgestellt wird. Man kann feststellen, daß die einzelnen Bereiche der Mode sich mit unterschiedlicher Geschwindigkeit ändern. Es lassen sich verschiedene Dimensionen erkennen, entlang derer man die Geschwindigkeitsunterschiede beobachten kann.

Die Stoffqualitäts- und Materialebene

Im Vordergrund der modischen Veränderung, wie sie vom Verbraucher wahrgenommen wird, stehen Farb- und Silhouettenveränderungen der Kleidungsstücke. Die Grundformen vieler Kleidungsstücke dagegen, wie z.B. von klassischen Herrenanzügen, Kostümen, Mänteln, Blazern und Pullovern, entwickeln sich relativ langsam und konstant.

Ähnliches läßt sich für die Stoffgrundqualitäten sagen. Garne werden in der Regel nicht saisonal ausgemustert, weil Neuheiten hier das Ergebnis längerfristiger Entwicklungs- und Experimentierarbeiten darstellen. Ebenso finden sich von Saison zu Saison oft bestimmte Stoffqualitäten wieder, die sich lediglich durch Farb- und Ausrüstungseffekte, wie z.B. Schmirgeln oder Rauhen unterscheiden, nicht so sehr dagegen in ihren Grundqualitäten.

Der tatsächlich stattfindende immer häufigere und raschere Wechsel beschränkt sich also bei genauerer Betrachtung auf oberflächliche Effekte der Materialien wie Farben, Silhouetten und Stoffausrüstungen. Für die Bekleidungshersteller bedeutet dies, daß bei aller Hochgeschwindigkeit des Modekarussells wichtige

Grundelemente ihres Geschäfts kontinuierlich und damit langsam und planbar ablaufen und im Sinne eines noch steuerbaren Geschäftsbetriebs wohl auch ablaufen müssen.

Schnelle Wechsel auf langsamem Fundament

Die Langsamkeit in den Basics

Fachleute konstatieren einen immer rascheren Wechsel der Bekleidungsgegenstände im sogenannten topmodischen Bereich. Andererseits ist im Basisbereich oftmals eine hohe Konstanz und Langsamkeit zu beobachten (vgl. Abbildung 1).

Seine Ursache hat dieser Effekt in der oben beschriebenen Tatsache, daß sich die Mode, und damit das Order- und Kaufverhalten, von den Saisons gelöst haben. Dadurch haben sich natürlich manche Bereiche der Mode weiter beschleunigt, andere aber stehen inzwischen praktisch über den Saisons und den aktuellen Entwicklungen. Entweder verkörpern sie per se einen der unzähligen Stile und haben somit definitorischen Charakter für die Denkhaltung einer bestimmten Bevölkerungsgruppe, die sich nur sehr langsam ändert. Als Beispiel können Cowboy-Stiefel angeführt werden, die von einer bestimmten Bevölkerungsgruppe unabhängig von der aktuellen Mode nachgefragt werden. Oder diese Kleidungsstücke sind – ähnlich wie Coca Cola bei den Getränken – unveränderbarer und nicht weiter hinterfragbarer Teil unserer Kultur geworden. Man könnte Jeans, T-Shirts, Blazer und Smoking als Beispiele nennen. In Abbildung 2 wird diese Konstanz deutlich, wenn man Jeans aus verschiedenen Jahrzehnten gegenüberstellt.

Schließlich ist es so, daß die gleichzeitige Existenz beinahe aller Stilrichtungen dazu beiträgt, daß sich zwar die Zusammenstellung der Kleidungsstücke ändert, für die Lebensdauer an sich jedoch kein Beschleunigungseffekt entsteht. Das führt dazu, daß

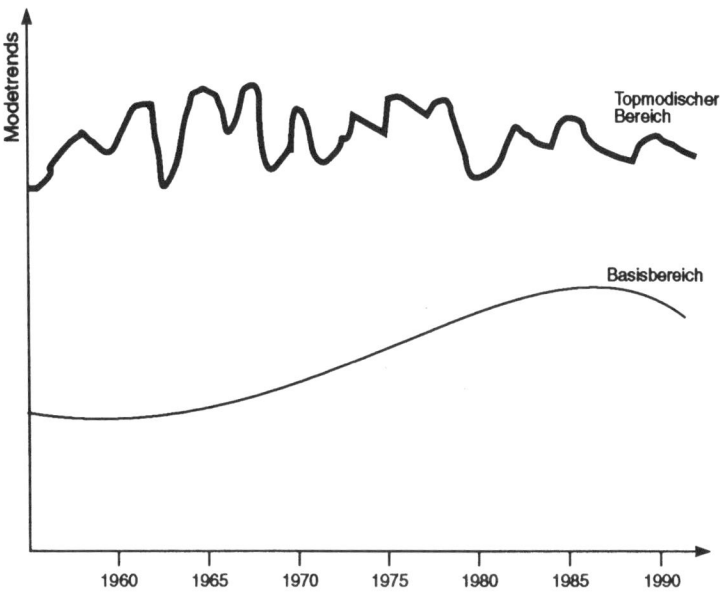

Abb.1: Unterschiedliche Veränderungsgeschwindigkeiten im Basisbereich und im topmodischen Bereich

das Gesamtangebot an Bekleidung relativ konstant bleibt und sich nur langsam ändert.

Das Fachjournal Textilwirtschaft schreibt dazu:

»Basics ändern sich kaum oder sehr langsam, haben mit Saisons nichts mehr zu tun. ..Wir kommen zu einer Vielschichtigkeit der Stile... Modestile entwickeln sich mit unterschiedlicher Geschwindigkeit... Es gibt mehr Vielfalt, aber weniger Veränderung.«

Die Gültigkeit dieser Feststellung kann jeder am eigenen Kleiderschrank überprüfen. Da finden sich Levisjeans von oftmals stattlichem Alter und in unveränderter Form, man denke nur an die legendäre Basisjeans 501. Sie kann heute als Symbol für die angesprochene Beständigkeit und langsame Veränderung im Modebereich angesehen werden. In Abbildung 2 kann man erkennen, daß die 501 inzwischen über ein Jahrhundert im Grunde unverändert geblieben ist.

The Last Chance Mine – Placer County, Calif. 1882

Abb. 2: Abbildungen der unveränderten Levi's Jeans 501 von 1882 bis heute. © by Levi Strauss Germany GmbH.

103

Schneller Wechsel im Topmodischen

Im sogenannten topmodischen Bereich dagegen beherrscht tatsächlich die sich ständig beschleunigende Modeveränderung das Bild. Hier verfallen Moden schneller als früher, ist infolge einer Farb-, Muster- oder Ausrüstungsform ständiger, schneller Wechsel unter den sogenannten Trendsettern angesagt. Übertrieben gesagt, fühlen sich die Träger dieser sich selbst überrollenden Modewellen unwohl, zweimal im gleichen Outfit zu erscheinen. Sie fühlen sich zu ständigem neuen äußeren Erscheinungsbild verpflichtet, folgen Stars oder Idolen bzw. ihrer eigenen, von Außenstehenden kaum nachzuvollziehenden Logik im Anziehen. Permanente äußere Veränderung dominiert, bis hin zu der Art und Weise, etwas anzuziehen. Sie wählen die Bekleidung – morgens nach dem Aufstehen – nach Stimmungslagen. Nachdem lange Zeit hauptsächlich Frauen diese Art der Modeauswahl vertraten, haben sich in den letzten 10 Jahren auch in der Herrenbekleidung sensationelle Entwicklungen ergeben. In Abbildung 3 sind aus der Britta-Steilmann-Kollektion zwei Mäntel der Herbst/Winter-Saison von 1993 und 1994 gegenübergestellt. Obwohl nur ein Jahr später, ist der Stil bereits ein deutlich anderer. Man erkennt dies leicht z.B. an dem Leopardenfutter, das bereits ein Jahr später wieder außer Mode war.

Im Modegeschäft haben sich für derartige Rennerprodukte ganz neue Orderformen herausgebildet, das sogenannte Quick-Response, die schnelle oder sofortige Befriedigung von Nachordern der Rennerprodukte. Im Idealfall erhält man durch elektronischen Datenaustausch anhand eines EAN-Codes eine artikelgenaue Erfassung der abverkauften Ware. Die festgestellten Veränderungen werden in Nachbestellungen bei den Lieferanten umgesetzt und dort an die entsprechenden Entscheidungsträger sofort wieder zur Produktion bzw. Nachlieferung weitergegeben. Der Durchlaufzyklus verringert sich gegenüber den normalen Orderrhythmen damit deutlich.

Abb. 3: Mäntel aus der Britta-Steilmann-Kollektion aus der
Herbst/Winter-Saison 93 bzw. 94

Standort Deutschland im Zeitdruck

Die genannten Entwicklungen im Modebereich haben natürlich erhebliche Auswirkungen auf die Textilindustrie. In der europäischen Bekleidungs- und Textilindustrie befinden wir uns in einer kritischen Situation. So gingen in der europäischen Textilindustrie (als Vorstufe der Bekleidungsindustrie) in den letzten 25 Jahren ungefähr 65 v.H. aller Arbeitsplätze verloren. Diese Entwicklung ist sehr einfach zu erklären. Zunächst erreichte man einfach über Rationalisierungs- und Produktivitätssteigerungsinvestitionen eine erhebliche Veränderung der produzierbaren Mengen.

Zum zweiten aber befinden wir uns aufgrund der ständigen Veränderung des Weltmarktes mit der Aufrüstung der Industrien in allen Entwicklungs- und Schwellenländern in einer neuen Situation. Wettbewerber aus der Volksrepublik China, Indonesien, Vietnam oder Brasilien verfügen über riesige Kapazitäten und ein enormes Heer an preiswerten Arbeitskräften. Zum Beispiel werden Regenmäntel oder regenjackenähnliche Mäntel wie Mikrofaserparker als Basisprodukte in Fernost hergestellt. Die geringen Mengen, die hier in Europa noch produziert werden, sind vergleichsweise so teuer, da sie in der Beschaffung hier DM 13,90 kosten und in Taiwan lediglich $ 2,22.

Es gibt mehrere Ursachen für diese unterschiedlichen Preise. Eine ist natürlich das soziale Gefälle, die unterschiedlichen Lohn- bzw. Gehaltssituationen, die den Entwicklungsländern einen großen Vorteil bei der Festlegung des Abgabepreises verschaffen. Der zweite Unterschied liegt darin, daß Grundmaterialien durch Vereinbarungen innerhalb der Chemieindustrie preislich auf einem Level gehalten werden, der wesentlich über den Angeboten aus Fernost liegt. Der dritte große Problemkreis, der natürlich eine Rolle für die Preisfindung spielt, ist die Problematik der Umweltinvestitionen. Diese schlagen sich kostenmäßig so stark nieder, daß z.B. bei einem Unternehmen wie Bayer 18 v.H. des

Umsatzes als Investitionen und Ausgaben für die Umwelttechnologie und für die Entsorgung anfallen.

Aufgrund dieser Faktoren sind die Schwellenländer in der Lage, Bekleidung zu einem wesentlich günstigeren Preis anzubieten, als dies europäische Anbieter können. Entsprechend konzentrieren sich diese Anbieter auf die Produkte, die in sehr großen Mengen hergestellt werden – und die im Spektrum der Produktlebenszyklen eher die untere Ebene, d.h. tendenziell die längeren Zyklen betrifft. Den europäischen Unternehmen bleibt eigentlich nur die Möglichkeit bzw. die Notwendigkeit, statt über den Preis über innovative Produkte mit entsprechend kleinen Losgrößen das Interesse der Verbraucher zu kreieren: Die Europäer konkurrieren eher im kurzlebigen Zyklusbereich. Es sind die europäischen Anbieter, die aus Kosten- und Differenzierungsgründen das Beschleunigungsrad ankurbeln. Deshalb wiegt der Nachteil der Anbieter aus den Entwicklungsländern, nur relativ langsam auf Veränderungen reagieren zu können, nicht sehr schwer. Mit ihren auf große Stückzahlen ausgelegten Produktionsstätten und die durch die große Entfernung bedingte gewisse Marktferne und Transportverzögerung ist es für die Schwellenländer effizient, die »langsamen Modebereiche« abzudecken. Sie sind prädestiniert für die Lieferung der Garne, der Basisstoffe und der konstant bleibenden Basismode.

Entsprechend liegt der Vorteil der europäischen Anbieter in ihrer hohen Reaktionsgeschwindigkeit. Sie müssen in der Lage sein, über Innovationen, und das heißt hier auch über Schnelligkeit, immer ein Stück voraus zu sein und das Interesse der Verbraucher zu kreieren. Damit stehen ihnen primär die Bereiche offen, die wir oben als rasch veränderlich dargestellt haben, z.B. den topmodischen Bereich.

Allerdings müssen die Europäer aufpassen, daß ihnen der Geschwindigkeitsvorsprung aufgrund ihrer Marktnähe langfristig noch erhalten bleibt. Das Problem ist, daß hervorgerufen durch die sich immer schneller entwickelnde Informations- und Kommunikationstechnik, die Imitationsgeschwindigkeit in der Bekleidungsindustrie schwindelerregende Formen annimmt. Heute kann mit modernster Übertragungstechnik die Kopie eines Bekleidungsstückes innerhalb von drei Minuten in der ganzen Welt verbreitet werden. Was früher Monate und Wochen dauerte und damit auch einen Innovationsvorsprung bedeutete, ist heutzutage mit dem Vorstellen auf einer Messe beispielsweise hundertfachen Kopien ausgesetzt. Dies hat dann auch gleichzeitig zur Folge, daß man mit seinen Produkten so schnell wie nur möglich auf den Markt geht. Bis vor nicht allzu langer Zeit dauerte die Entwicklungs- und Erprobungsphase noch bis zu einem Jahr. Jetzt geht man mit seinen Produkten so schnell wie nur möglich auf den Markt. Dadurch findet eine zusätzliche, herstellerinduzierte Beschleunigung der Modeprozesse statt, nicht zuletzt oftmals auf Kosten der Qualität.

Neue Wege der Langsamkeit: Sustainable Fashion

Es stellt sich angesichts der geschilderten Situation die Frage, wie lange zum einen die Verbraucher das manchmal schwindelerregende Tempo der Mode noch mitmachen wollen bzw. finanziell mitmachen können, und wie lange zum anderen unsere Umwelt die dadurch entstehenden Belastungen noch verkraften kann. Gerade bei letzterem ist das Erreichen der Grenzen bereits zu erkennen, eine Erkenntnis, die sich auch bei den Verbrauchern mehr und mehr durchsetzt. Immer schnellere Mode bedeutet künstliche Veralterung von Ressourcen. Das voll funktionsfähige Kleidungsstück wird ausgemustert, weil es nicht mehr »in« ist. Die Diskussion um die Ausbeutung der Umwelt wird hier Grenzen setzen, die den Innovationsprozeß entschleunigen wird und auch muß. »Immer wieder neu« und »natürlich« wird dann zu einem Gegensatz werden. Denn ökologische Zyklen sind langsamer als ökonomische. Eine Möglichkeit, vorhandene Ressourcen länger zu benutzen und damit die Geschwindigkeit des Verbrauchs herabzusetzen, nutzen wir bereits seit einiger Zeit. Wir haben erreicht, daß Abfälle von Textilien und die Reste vom Zuschneiden zum größten Teil in einem Recyclingunternehmen für die Verarbeitung von Textileinlagen in Autos verwandt werden. Die Materialien werden geschreddert, dann gefließt und anschließend gepreßt und ergeben somit Ablagen, die dann noch einmal mit Textilien abgedeckt werden.

Wenn wir die Umweltbelastungen möglichst gering halten wollen, indem wir für ein Produkt den gesamten Weg von der Wiege bis zur Bahre klären, d.h. vom biologischen Anbau der Naturfasern bis hin zur Reduzierung des Wasserverbrauchs bei der Verarbeitung, dann wird die Prozeßgeschwindigkeit automatisch zurückgehen. Wir selbst sind dabei, diesen Weg für zahlreiche Produkte zu beschreiten. Wir führen Gespräche in Australien über den biologischen Anbau von Baumwolle, verhandeln mit Chemieunternehmen über die Reduzierung der allergieerzeugenden Substanzen in Farbstoffen, haben die Kläranlagen in unseren Unternehmen umgestaltet usw. All diese Maßnahmen des schonenderen und damit langsameren Umgangs mit den Ressourcen bringen natürlich eine gewisse Kostensteigerung mit sich. Mit ca. 10 bis 20 v.H. fällt sie allerdings so moderat aus, daß sie für ausreichend große Käuferschichten kein Kaufhindernis sein wird.

Mit diesem Konzept wird eine ganz neue Denkrichtung in bezug auf die Herstellung und damit auch das Tragen von Mode eingeleitet. Es soll ein Denken und Handeln jenseits aller modischen Tagestrends eingeläutet werden, ein Denken, das zwangsläufig und gewollt eine Verlangsamung der Modeprozesse mit sich bringt. Es ist unsere Überzeugung, daß sich auch die Verbraucher von dieser Konzeption überzeugen lassen. Für die europäischen Textilhersteller stellt sie zudem eine Möglichkeit dar, dem Beschleunigungsrennen der Mode zu entkommen, in das sie nicht zuletzt durch die Internationalisierung des Wettbewerbs gezwungen wurden.

RECHTE ZEIT

Bernhard Großfeld

Einleitung

G ewiß kennen wir – beginnend mit Pythagoras, Zenon und
Aristoteles – tiefgründige Untersuchungen zur Zeit (»Was
messen Uhren?«); auch zu »Recht und Zeit«; es gibt sogar ein
»Gesetz über Zeitbestimmung« (»Zeitgesetz«). Das Thema »Zeit«
ist uns Juristen also nicht neu. Doch: Die Zeit ist etwas Göttli-
ches, deren wahres Wesen nicht begriffen werden kann! (Gale-
nus, 129–199 n.Chr.). Für die Rechtsvergleichung hat mein Lehrer Fikentscher das Thema behandelt: Er macht das verschiedene
Zeitbewußtsein der Kulturen (zielgerichtet linear: ewig kreisend!)
zu einer Basis seiner vergleichenden Methodenlehre. Uns Wirt-
schaftsrechtler hat »just in time« aktiviert[1].

Zeitfalle

Der Laie neigt dazu, das Recht als etwas Statisches anzusehen
und Molière zuzustimmen: Die Zeit tut nichts zur Sache (Mis-
anthrope). Je länger man sich aber mit dem Recht befaßt, je mehr
wird einem das Zeitmoment im Recht deutlich. »Bedenkt die
Zeit« lehrt der Religionsjurist Paulus. Auch wir Juristen sitzen in
der Zeitfalle: Recht soll »rechtzeitig« sein – aber die »rechte Zeit«
(vgl. Psalm 1,3; 104, 27) läßt sich kaum allgemein bestimmen.
Sollen wir Juristen beschleunigen oder sollen wir verzögern? Offenbar beides – aber: zugleich oder nacheinander? Der Volks-
mund verlangt, daß »kurzer Prozeß« gemacht wird, hält schnel-

---

1   Die Arbeit beruht auf folgenden Schriften: GROSSFELD, B. (1993), Zeichen
    und Zahlen im Recht, Tübingen 1993; ders. (1989), Grundfragen der Rechts-
    vergleichung, in: FS Lukes, Köln u.a. 1989, S. 657; ders. (1991), Grundfra-
    gen des Internationalen Unternehmensrechts, Heidelberg 1991; GROSSFELD,
    B./WESSEL, L. (1990), in: ZVglRWiss 89, 1990, S. 498.

les Recht für gutes Recht. Doch »gut Ding will auch Weile haben« und im Recht finden wir nebeneinander Eilverfahren und lange Instanzenwege (bis hin zum Bundesverfassungsgericht und zum Europäischen Gerichtshof). Nach der Wiedervereinigung ging es in den neuen Bundesländern ohne Recht nicht schnell genug, zugleich aber verlangsamte das ausziselierte Bundesrecht viele Entscheidungen, erhöhte es die Transaktionskosten.

Recht muß einerseits auf neue Herausforderungen (z.B. Datenschutz, Gentechnologie) rasch antworten, es muß andererseits Vertrauenshaltungen beachten und neue heranwachsen lassen. Ohne viel Zeit entsteht kein Rechtsgefühl, auf das keine freiheitliche Ordnung verzichten kann. Diesem Spannungsverhältnis begegnen wir vor allem beim Nebeneinander von einfachem Gesetzesrecht und Verfassungsrecht. Durch das Gesetzesrecht reagiert die Mehrheit der jetzt Lebenden auf die Forderungen von heute, das Verfassungsrecht beruft sich auf die Mehrheit der Toten und verlangsamt zumeist. Dadurch entsteht nicht nur ein Zeitkonflikt, sondern auch ein Generationenkonflikt – namentlich angesichts der ausufernden Stellung des Bundesverfassungsgerichts. Merkwürdig, daß der Wille der Toten (wenn es denn ihrer ist) sich stärker durchsetzen kann als der Wille der Lebenden! Eine säkularisierte Form der Ahnenverehrung?

Zeitprägung

Die Frage nach der rechten Zeit im Recht geht aber weit darüber hinaus. Unser Recht als großer kultureller Ordnungsrahmen ist zeitgeprägt. Darauf stoßen wir überall. Wir denken Recht in Zeitverläufen. Das beginnt bei der Frage, ob man ein Gesetz historisch oder teleologisch auslegen muß. Von dort gehen wir zum Vertrag, der selbst ein Zeitakt ist. Goethe lehrt:

»Es rast die Zeit mit allen Sinnen fort,
und mich soll ein Versprechen binden?«

Wir stoßen auf die clausula rebus sic stantibus und auf die Lehre vom Wegfall der Geschäftsgrundlage; wir unterscheiden die Wirkung von Rücktritt (ex tunc) und Kündigung (ex nunc); uns beschäftigt, ob ein Vertrag auf unbegrenzte Zeit geschlossen werden kann. Zu erwähnen sind auch Altersstufen (§§ 2, 104, 107 BGB) und vor allem Fristen (§§ 186–193 BGB), namentlich Verjährungsfristen (§§ 194–225 BGB).

Wir kennen Rechtsinstitute, bei denen die Zeit das Problem schlechthin ist, z.B. beim Zins und Zinseszins, bei juristischen Personen als »ewigen Vermögensträgern«. Andere Institutionen sind allein durch die Zeit definiert, z.B. die Ehe – § 1356 Abs. 1 S. 1 »auf Lebenszeit geschlossen«; auch der Begriff »Treue« ist zu nennen. »Treu und Glauben« (§ 242 BGB) ist die Königsnorm unseres Rechts (Vertrauenskultur!). Einige Rechtsinstitute werden durch die Zeit voneinander abgegrenzt, z.B. der Kauf als Nutzungsüberlassung für »immer« von der Miete als Nutzungsüberlassung »auf begrenzte Zeit«.

Charakteristisch ist das Denken in genau bestimmten Zeitpunkten. Wir punktieren Zeit, sind »pünktlich«. Das Bürgerliche Gesetzbuch verwendet dementsprechend viel Mühe auf den »Zeitpunkt«, in dem eine Willenserklärung wirksam wird (§ 130 I 1, § 131 I 2) und ein Vertrag zustandekommt (§ 147 II); ebenso ist es bei Bedingungen (§ 158 II, § 159) und bei der Genehmigung (§ 184 I). Rechte gehen zu einem Zeitpunkt über; eine bestimmte Zeit ist wichtig für den gutgläubigen Erwerb (§§ 892, 932ff.). Durchgängig begegnen wir der Neigung, die Zeit abstrakt-punktförmig zu sehen, obgleich sie doch ein Kontinuum sein kann – oder was auch immer.

All das mag uns nicht als kulturelle Prägung erscheinen. Aber in Zweifel stürzt uns, daß wir Juristen arglos einen Zeitbegriff gebrauchen, den es in der Wirklichkeit nicht gibt: Die schon aus dem römischen Recht stammende »logische Sekunde«, die wir auch »juristische Sekunde« nennen. Hier sehen wir, wie unser Zeitverständnis kulturell gesteuert ist, wie wir selbst dort in Zeitpunkten denken, wo keine mehr sind – und man den Vorgang anders beschreiben könnte.

Es erstaunt nicht mehr, daß wir auch in das andere Extrem verfallen, in die Ewigkeit. Die »unsterblichen« Vermögensträger sind schon erwähnt, Art. 79 Abs. 3 GG nennen wir unbefangen die »Ewigkeitsklausel« der Verfassung. Wir benutzen einen Begriff, dessen Inhalt wir nicht ausschöpfen können:

> »Was ist die Ewigkeit?
> Sie ist nicht diß, nicht das,
> Nicht Nun, nicht Ichts, nicht Nichts,
> Sie ist, ich weiß nicht was.«

(Angelus Silesius)

Zeit und Zahlen

In der Tat: Die Zeit, sie ist in allem: Zeit ist Leben, Leben ist Zeit; allwaltend herrscht der Zeitgott (Sophokles, Elektra). Aber ob man die Zeit in unseren Abschnitten und gleichsam »stakkato«, »sezierend« erleben muß, wie wir es tun, das kann man bezweifeln. Mir scheint, daß unsere mathematisch analysierende Kultur die Prinzipien des Zahlensystems und der Buchstabenschrift auf die Zeit überträgt. Mathematik, Geometrie, Zeit und Recht finden zur Einheit:

> »Ich will Recht als Meßschnur einsetzen«,

sagt Gott (nach Jesaja 28, 16 – Übersetzung Buber/ Rosenzweig). Eine Schlüsselstelle für unsere Kultur.

Die zahlenmäßige Prägung unserer Weltschau erweist sich vor allem im »zahlenhaften« Zeitdenken. Die Verschränkung von Zahl und Zeit schildert Platon:

»So sann er [Gott] darauf, ein bewegliches Abbild der Ewigkeit zu gestalten und macht, indem er dabei zugleich den Himmel ordnet, von der in dem Einen verharrenden Ewigkeit ein in Zahlen fortschreitendes ewiges Abbild, und zwar dasjenige, dem wir den Namen Zeit beigelegt haben«.

Die bewegten Dinge seien entstanden

»als Formen der die Ewigkeit nachbildenden und nach Zahlenverhältnissen umlaufenden Zeit«.

Nach Aristoteles ist die Zeit selbst eine Art Nummer, Thomas von Aquin nannte sie numerus movens. Ähnlich sagt es die Bibel:

»Alles hat seine Stunde. Für jedes Geschehen unter dem Himmel gibt es eine bestimmte Zeit«.

Die »rechte« Zeit (»Kairo's«; »Du gibst ihnen Speise zu seiner Zeit«): Ausdruck einer unabänderlichen großen Ordnung, auf die der Mensch bauen kann.

Zahlen sind klassische Zeitzeichen; Zahlenkränze definieren Zeitläufe:

>»Sekundenzeiger
>
> daß ich als ich
> ein und zwei ist
> daß ich als ich
> drei und vier ist
> daß ich als ich
> wieviel zeigt sie
> daß ich als ich

117

tickt und tackt sie
daß ich als ich
fünf und sechs ist
daß ich als ich
sieben acht ist
daß ich als ich
wenn sie steht sie
daß ich als ich
wenn sie geht sie
daß ich als ich
neun und zehn ist
daß ich als ich
elf und zwölf ist«.

(Hans Arp)

Das läßt sich leicht erklären: Der Rhythmus gliedert die Zeit, wie ihm der Mensch bei Sonne, Mond und Sternen begegnet. Zeitkreise regeln das Leben, sind Lebensrhythmen – wie nichts anderes; denn alle menschliche Ordnung steht in der Zeitlichkeit. Menschen wollen aber »über die Runden kommen«, wollen deshalb wissen, wie oft etwas passiert, wie oft es sich wiederholt – nur dann fühlen sie sich wohl, meinen sie, eine Umwelt zu beherrschen, die sie oft schreckt. Deshalb suchen Menschen gerade bei der Zeit »safety in numbers«, folgen sie Konventionen über Zahlensysteme und Zahlenwerte (Zahlenkränze). Durch die Verknüpfung mit der überaus stabilen Zeitsicht werden Zahlenkränze so überragend wichtig und stabil (das zeigt jedes Zifferblatt: 60iger System); werden sie Lebensrhythmen. Das erklärt z.B., warum die »christliche Mathematik« mit der Suche nach dem Ostertermin begann: Die Zeitrechnung galt als die »ars computandi«.

Hanne Darboren: Bismarckzeit, 1978, Kunstmuseum Bonn

Zeitsicht

All das verschärfte sich seit 1309. In diesem Jahre wurde in Mailand die erste mechanische Uhr an einem Kirchturm montiert. Diese Uhr hat unser Leben verändert: Die Neuzeit kommt. Die Zeit steht jetzt an zentraler Stelle, um sie dreht sich alles in der Stadt. Damit entsteht ein neues Zeitgefühl: mit Eile, mit Tempo. In der Wirtschaft lernen wir, daß nicht die Großen die Kleinen fressen, sondern die Schnellen die Langsamen. Die Politik sieht es ähnlich:

>»Things may come to those who wait,
> but only the things left by those who hustle«.
> (Lincoln)

Aber Langsamkeit bleibt wichtig (»da ich keine Zeit habe, um mich kurz zu fassen, schreibe ich einen langen Brief«); sie allein macht Hochgeschwindigkeit produktiv. Wir alle müssen Bäume pflanzen, unter denen wir selbst nicht mehr sitzen werden. Jesaja lehrt (28, 16):

>»Wer vertraut, wird nichts beschleunigen wollen«.
> (Übersetzung Buber/Rosenzweig)

Trotz aller Zeitorganisation bleibt uns manches rätselhaft: Die Lebenszeit ist länger, die Arbeitszeit ist kürzer. Wir sparen überall Zeit – und haben immer weniger Zeit. Kamphausen erzählt[2]:

---

2   KAMPHAUS F. (1992), Wo Zeit zu finden ist, in: ders., Wenn Gott zur Welt kommt, Freiburg u.a. 1992, S. 137.

»Ein Mönch wurde gefragt, wie er bei seinen vielen Beschäftigungen noch so gesammelt sein könne. Seine Antwort: ›Wenn ich stehe, dann stehe ich. Wenn ich gehe, dann gehe ich. Wenn ich sitze, dann sitze ich. Wenn ich spreche, dann spreche ich ...‹

›Das tun wir doch auch‹, fielen ihm die Fragesteller ins Wort. ›Nein‹, sagte der Mönch, ›Wenn Ihr sitzt, dann steht Ihr schon. Wenn Ihr steht, dann lauft Ihr schon. Wenn Ihr lauft, dann seid Ihr schon am Ziel‹.«

An einem Kirchenportal fand Kamphausen die Inschrift: »Hier stößt Eile auf Zeit«.

Sind das alles nur Theorien? Oder ist das praktisch wichtig? Alles hat seine Zeit; gibt es gar keine abstrakte Zeit? Eines ist klar: Die Zeit ist objektiv nicht oder schwer zu fassen, sie hat vor allem eine subjektive Seite. Die Zeit ist das im menschlichen Bewußtsein verschieden erlebte Vergehen von Gegenwart. »Die Zeit rast« oder »die Zeit steht still«. Was tut die Zeit? Die Zeit tut nichts – wir selber sind die Zeit!

Zeitgefühl in der Rechtsvergleichung

Wegen der subjektiven Komponente und der vielen Unwägbarkeiten müssen wir damit rechnen, daß Kulturen die Zeit unterschiedlich erleben, daß die Zeitrhythmen andere sind (»die Uhren gehen anders«). Zeitrhythmen sind für unser Lebensgefühl, für unsere Methoden entscheidend (Novalis: Alle Methode ist Rhythmus). Das erleben wir am Rhythmus der Sonntage, vor allem sehen wir es beim Übergang von dem natürlichen Zeitrhythmus des Mittelalters zum modernen Zeitrhythmus, der mechanisch gemessen und technisch genutzt wird. Anstatt den Dingen »ihre Zeit zu lassen«, wird Zeit »verplant«, wird sie »Zeitaufwand«, wird sie »money«! Uns trennt eine Welt von dem canonischen Zinsverbot (nach Deuteronomium 23, 20; Lk. 6, 35), wonach »nummus non parit nummos« und »tempus ex se pecuniam parere non potest«. Der Zinsnehmer galt als Dieb der Zeit, die Gott gehört, verstieß gegen das Gebot: »Im Schweiße deines Angesichts sollst du dein Brot essen« (Genesis 3, 18). Die allmächtige Zeit darf nicht als »Machtverstärker« von Menschen genutzt werden (wohl ein Grund des Zinsverbotes).

Die Stellung zur Zeit ist eine der stärksten kulturellen Prägungen, wird von den Kulturen selbst so empfunden. Das beginnt beim Stundenrhythmus: Als die ersten Europäer nach Japan kamen, begegneten sie dort der japanischen relativen Stundeneinheit: Die sechs Stunden des Tages waren im Sommer länger, im Winter kürzer; bei den Nachtstunden war es umgekehrt. Die europäischen Uhren mit der festen Stundenrechnung hatten daher in Japan keinen praktischen Wert. Mehr noch: Als es 1639 zur Abschließung des Landes kam, wurden die europäischen Uhren als »Instrumente der christlichen Häresie« zerstört. Gar nicht so fernliegend.

Man denke auch an unseren (abstrakt-mathematischen) Sieben-Tage-Rhythmus, und daran, daß die Wende vom Alten zum Neuen Testament sich in einer Zeitfrage offenbart: Vom Sabbat zum Sonntag als dem »ersten Tag der Woche« – der jetzt wieder in das »Wochenende« fällt. Die jüdisch/ christliche Bibel beginnt mit einer Zeitbestimmung, nämlich mit »Im Anfang«; das schließt die folgende Entfaltung des »Schöpfergottes«, des »Herrn der Zeit«, schon ein (vgl. Psalm 90, 2)! Das erste Wort Jesu bei Markus ist ein Wort über die Zeit: »Die Zeit ist erfüllt« (Mk. 1, 15). Im Credo der Messe heißt es: »Aus dem Vater geboren vor aller Zeit«; der Ausdruck »am Ende der Zeiten« ist geläufig.

Sie sehen: Die Jurisprudenz beruht gewiß auf Ideen, sehr stark aber auch auf »ungemalten« Bildern, auch beim Zeitbild. Bild, Idee und Wort müssen ins Gleichgewicht kommen. Alle drei lassen sich nie ganz von einem Medium in das andere übertragen.

Jedes Medium hat seine nichtaustauschbare, eigene Kraft (denken Sie an die Übersetzung von Poesie).

Zeitdimensionen im Bilanzrecht

Stichtage

Die Zeit ist nun im Bilanzrecht das allbeherrschende Thema. Denn hier wollen wir das wirtschaftliche Ergebnis einer genau definierten Periode ermitteln: Von Punkt zu Punkt! Wir begegnen einem »auf die Sekunde genau« gesteigerten Zeitbewußtsein. Angesprochen ist zunächst das Stichtagsprinzip, nach dem wir gemeinhin die Bilanz zum Ende des 31. Dezembers erstellen. Dieses Stichtagsprinzip (besser: Stichpunktprinzip) wird dem Verlauf eines Unternehmens nicht gerecht; denn das Leben schreitet beständig weiter und kümmert sich herzlich wenig um unsere Benennungen und Zeittakte. Daraus entstehen die Spannungen zwischen statischer und dynamischer Bilanz, zwischen Vermögensbilanz und Ergebnisbilanz. Das »auf die Sekunde genau« wird noch einmal auf die Spitze getrieben, nämlich auf einen Zeitpunkt, den es nicht gibt: Die »Zeit« »zwischen« 24 und 0 Uhr! Wieder so eine Art »juristische Sekunde«! Es begegnen sogar Überlegungen, ob in diesem »Zeitraum« bilanziell etwas »passieren« kann, d.h., ob die Anfangsbilanz um 0 Uhr anders aussehen mag, als die Schlußbilanz um 24 Uhr (Beispiel: Übergang von der RM-Bilanz zur DM-Eröffnungsbilanz). Sie sehen, wir Bilanzrechtler haben die Einsteinsche Relativitätstheorie hinter uns gelassen.

Das wird uns im Bilanzrecht deutlich – nicht nur bei Überschreiten der Datumsgrenze. Schon die Wahl der Stichtage kann kulturell gesteuert sein, etwa vom Termin des Hauptumsatzes. Zugespitztes Beispiel mag unser Weihnachtsfest (auf Schallplatte) sein:

>Deutsche Weihnacht,
Du sollst bleiben,
Unser allergrößter Schatz,
Ja, das woll'n wir unterschreiben,
Wort für Wort
Und Satz um Satz ...
um Satz, Umsatz!«

(Düsseldorfer Kommödchen)

Sie hören: Am Umsatz »hängt's«! Unterschiedliche Stichtage führen aber zu unterschiedlichen Unternehmensbildern.

USA

Gleiches gilt für die Länge der Zeitabschnitte. Dafür brauchen wir nicht weit zu gehen. Es genügt ein Blick auf die Vereinigten Staaten von Amerika[3]. Dort rechnet man mit kürzeren Zeiträumen; wir begegnen in der Bilanz einem Denken in Vierteljahresrhythmen. Thinking short kennzeichnet Nordamerika. Das erklärt mit die Scheu vor Investitionen, die sich erst langfristig auszahlen, erklärt aber auch die an kurzfristigen Ergebnissen orientiere Börsen-Hektik in Wall Street. Unterschiedliche Stichtage bewirken unterschiedliche Investitionsrhythmen. Das hat große praktische Bedeutung, etwa im Verhältnis Japan/USA für die Halbleiterentwicklung:

»Dabei kam der japanischen Industrie ›der lange Atem‹ einer langfristig angelegten Gewinnmaximierung zugute. Die amerikanischen Hersteller hatten derweil immer nur die Gewinnent-

---

3   GROSSFELD, B. (1993), Comparative Accounting, in: Texas Int'l L. J., 28 (1993) S. 233.

wicklung des jeweils nächsten Quartals im Auge. Daraus ergaben sich unterschiedliche Verkaufsstrategien«.

Ähnlich erlebt es die deutsche Chemie: Die langwierige Entwicklung neuer Produkte mißfällt vielen amerikanischen Aktionären, die schnell eine Rendite sehen wollen:

»Manches Unternehmen hat, um auf dem amerikanischen Aktienmarkt zu bestehen, Teile von Produktionsanlagen verkauft und das Geld als Dividende verteilt. Damit tritt eine Entkapitalisierung ein, die das Unternehmen schließlich übernahmereif macht: Zum Beispiel für die längerfristig operierenden deutschen Chemie-Gesellschaften«.

Dem hired and fired, der Vermeidung von Anstellungsverträgen liegt ebenfalls ein anderes Zeitverständnis zugrunde. Es wirkt in jedes unternehmerische Verhalten hinein. Daran sehen wir, wie wichtig die Kultur für die Wirtschaft ist: Die Kultur ist der entscheidende Produktionsfaktor!

Weltabschluß

Es verzerrt das Bild, wenn wir Bilanzen mechanisch zusammenfügen, die auf der Grundlage eines anderen Zeitbewußtseins entstanden sind. Der einheitliche Stichtag – wie ihn § 299 HGB vorschreibt – allein tut es nicht; wir können gerade dadurch das kulturspezifische Bild des ausländischen Unternehmen verfehlen. Ob man etwas jetzt oder später als Gewinn oder als Verlust erscheinen läßt, ist allgemein eine Frage des Zeitgefühls. Wir erfassen die fremde »Tatsächlichkeit« nur, wenn wir das dortige Zeitbewußtsein berücksichtigen. Das ist gemäß der Generalklausel des § 297 II 2 HGB bei allen Ansatzveränderungen (§ 300 HGB) und Umbewertungen (§ 308 HGB) zu beachten.

Oft übersehen wir die hier angesprochenen Grundvoraussetzungen des Weltabschlusses, weil wir unsere eigene Sicht für weltweit »selbstverständlich« halten. Ausland ist aber auch hier nicht

Inland! Es fehlen häufig die »Übersetzungsmaßstäbe«. Wie können wir das ausländische »Zeitbewußtsein« erfassen? Wie übersetzen wir Zeit?

Ars

Diese Überlegungen mag der »Praktiker« des Rechts als fernliegend oder gar als »schöngeistig« empfinden. Aber die Erfahrung zeigt, daß gerade die »unpraktischen« Überlegungen, die spekulativen Erwägungen der Jurisprudenz neue Wege öffnen. Die »Praxis« orientiert sich am status quo – doch was ist Jurisprudenz anderes als angewandte Theorie und Denken in die Zukunft! Gerade deshalb ist ja die Jurisprudenz »Kunst« (»ars aequi et boni«), ist sie Kunsthandwerk! Sie ist der Zeit ausgesetzt, muß ständig beschleunigen und verlangsamen. Aus der Vergangenheit muß sie Zukunft gewinnen; die Gegenwart ist so kurz (immer schon vorbei), daß sie nur eine geringe Rolle spielt.

Schluß

Wir sehen: Das scheinbar so theoretische Thema »Zeit« ist ganz praktisch, für die Rechtsvergleichung sogar besonders wichtig. Zeit hat immer zwei Gesichter: Schnelligkeit und Langsamkeit, Eile und Weile. Kulturen können das eine oder das andere betonen, und es im Einzelfall auch ganz anders machen. Eine funktionale Betrachtung fremder Ordnungen führt in die Irre, wenn wir die Funktion nach unseren Verständnissen, nach unseren »Namen« beurteilen; wir verfehlen dann das fremde Koordinatensystem. Dieses Koordinatensystem ergibt sich aus der anderen Umwelt, der anderen Sprache, der anderen Schrift, der anderen Religion, den anderen Tabus, dem anderen Zeitbewußtsein. Eines wirkt wechselseitig auf das andere. Erst wenn wir das kulturelle Weltbild ungefähr erspüren (mehr werden wir oft nicht erreichen), können wir die Einzelheiten orten und dann Rechtsvergleichung auch mit uns fern stehenden Kulturen betreiben. Dabei werden wir uns allerdings mit einer bleibenden und »herausfordernden Pluralität der Welten« abfinden müssen. Jedoch:

>>Gottes ist der Orient!
Gottes ist der Okzident!
Nord- und südliches Gelände
Ruht im Frieden seiner Hände<<.

(Goethe)

Das läßt uns hoffen, daß wir die »Zeitunterschiede« überbrücken können.

GEGENWARTSSCHRUMPFUNG

Hermann Lübbe

Die Menge der Innovationen pro Zeiteinheit nimmt in einigen kulturellen Bereichen, insbesondere in denen von Forschung und Entwicklung sowie in Produktion und Organisation, derzeit immer noch zu. Diese Innovationsverdichtung hat eine für die gegenwärtige Kulturgenossenschaft längst unübersehbar gewordene temporale Konsequenz: Sie läßt die Gegenwart schrumpfen.[1]

»Gegenwartsschrumpfung« – das ist eine durchaus ungewohnte und daher erläuterungsbedürftige Kennzeichnung des Bestandes, den ich hier zunächst analysieren möchte. Was ist gemeint? Gemeint ist, daß in einer dynamischen Zivilisation in Abhängigkeit von der zunehmenden Menge von Innovationen pro Zeiteinheit die Zahl der Jahre abnimmt, über die hinaus zurückzublicken bedeutet, in eine in wichtigen Lebenshinsichten veraltete Welt zu blicken, in der wir die Strukturen unserer uns gegenwärtig vertrauten Lebenswelt nicht mehr wiederzuerkennen vermögen, die insoweit eine uns bereits fremd, ja unverständlich gewordene Vergangenheit darstellt.

Innovationsabhängige Gegenwartsschrumpfung bedeutet überdies, komplementär zur Verkürzung des chronologischen Abstands zu fremdgewordener Vergangenheit, zugleich fortschreitende Abnahme der Zahl der Jahre, über die hinaus vorauszublicken bedeutet, in eine Zukunft zu blicken, für die wir mit Lebensverhältnissen rechnen müssen, die in wesentlichen Hinsichten unseren gegenwärtigen Lebensverhältnissen nicht mehr gleichen werden.

Kurz: Gegenwartsschrumpfung – das ist der Vorgang der Verkürzung der Extension der Zeiträume, für die wir mit einiger Konstanz unserer Lebensverhältnisse rechnen können. Die Kon-

---

1   Der umfassende kulturtheoretische Kontext dieses Textes ist in meinem Buch »Im Zug der Zeit. Verkürzter Aufenthalt in der Gegenwart«, Berlin, Heidelberg, New York 1992, ausgebreitet.

sequenz, die sich daraus für die Wahrnehmung der Geschichts-
zeit ergibt, hat Reinhart Koselleck folgendermaßen beschrieben:
Erfahrungsraum und Zukunftshorizont werden inkongruent. Die
Erfahrungen, die wir oder unsere Väter im Umgang mit unseren
bisherigen Lebensverhältnissen machen konnten, eignen sich in
Abhängigkeit von der Veränderung unserer Lebensverhältnisse
fortschreitend weniger als Basis unseres Urteils über das, womit
wir oder unsere Kinder und Kindeskinder für die Zukunft zu
rechnen haben werden.

Ich verdeutliche den Begriff der innovationsverdichtungsab-
hängigen Gegenwartsschrumpfung noch einmal im Kontrast zu
einer Geschichtszeiterfahrung mit großer Gegenwartsdehnung.
Noch Machiavellis Interesse an der römischen Geschichte, wie
sie ihm durch Livius überliefert war, blieb überwiegend ein Interesse an Verhältnissen und Vorgängen in der Vergangenheit,
die sich als Muster für die Beurteilung der Gegenwart, ja für die
Abstraktion von Normen gegenwärtigen Handelns zu eignen
schienen. Ereignisse römischer Kriegs- und Politikgeschichte gelten als Exempel für Handlungsregeln und Strategien, deren Geltung über die betrachteten Zeiträume hinweg zeitindifferent zu
sein scheint. In temporaler Hinsicht bedeutet das: Die Gegenwart, nämlich als ein durch eine gewisse Konstanz wichtiger kultureller Lebenselemente gekennzeichneter Zeitraum, dehnte sich
über mehr als anderthalb Jahrtausende aus. Der Erfahrungszeit-
raum war weit gespannt, und der Zukunftshorizont entsprach
ihm nach Weite und Inhalt.

Demgegenüber ist, zumindest aus dem Blickpunkt strategischen Handelns, in Abhängigkeit von der waffentechnologischen
Entwicklungsdynamik die Gegenwart in chronologischer Hinsicht extrem zusammengeschrumpft. Die Erfahrungen jüngst-
vergangener Kriege eignen sich als Muster für strategische Fälligkeiten unter gegenwärtigen technischen Bedingungen nur sehr
begrenzt, und entsprechend hat denn auch der militärgeschichtliche Unterricht seinen primären Sinn nicht mehr in der Präsen-

tation solcher gegenwärtig noch gültigen Muster. Welchen Sinn dieser militärgeschichtliche Unterricht dann überhaupt noch haben kann – das ist dann die Frage.

Ob Machiavelli bei seinem vorherrschenden Interesse, aus der römischen Geschichte zu lernen, die kulturellen Evolutionen zwischen dem Beginn der Zeitrechnung und seiner eigenen Gegenwart als Evolutionen gar nicht wahrgenommen hat oder ob er sich für sie lediglich nicht interessierte, mag hier unentschieden bleiben. Gewiß ist, daß es kulturgeschichtliche Evolutionen gegeben hat, deren Dynamik so gering war, daß die Vorstellung absurd ist, sie hätten als Evolutionen bemerkt werden können. Auch die ausgedehnten Zeiträume der Ur- und Frühgeschichte waren ja nicht innovationsfreie Zeiträume. Aber die Zeitmaße in diesen Geschichtsepochen hatten, wie Karl J. Narr in seiner einschlägigen Abhandlung eindrucksvoll gezeigt hat[2], sozusagen subgeologische Dimensionen, was trivialerweise bedeutet, daß die außerordentlichen Fortschritte in der Schleiftechnik zur Herstellung feiner Steinklingen zwischen Jungpalaolithikum und Neolithikum für die Subjekte dieses Prozesses schlechterdings kein Gegenstand der Aufmerksamkeit sein konnten.

Es wäre durchaus spekulativ, etwas darüber vermuten zu wollen, wie groß innerhalb der kulturellen Evolution der Grad der Innovationsverdichtung geworden sein muß, damit er als solcher aufdringlich werden kann und seine Thematisierung erzwingt. Lebenspraktisch wird sie jedenfalls einen Grad erreicht haben müssen, der ausreicht, innerhalb jener drei Generationen, die gleichzeitig existieren und in ihrer kulturellen Einheit durch unmittelbaren Erfahrungsaustausch zusammengebunden sind, Erfahrungen des Veraltetseins und der Gestrigkeit aufdringlich zu machen. Wie auch immer: Erfahrungen der Gegenwartsschrumpfung hängen an einem nur scheinbar paradoxen Effekt

2   Vgl. NARR, K.J., Zeitmaße in der Urgeschichte, Opladen 1978.

der temporalen Innovationsverdichtung. Der hier gemeinte Effekt ist, daß komplementär zur Neuerungsrate zugleich die Veraltensrate wächst. Die kulturellen Folgen dieser fortschrittsabhängig zunehmenden kulturellen Veraltensgeschwindigkeit sind erheblich. In einer dynamischen Zivilisation nimmt die Menge der Zivilisationselemente zu, die noch gegenwärtig sind, aber über die sich schon die Anmutungsqualität der Gestrigkeit oder Vorgestrigkeit gelegt hat. Anders ausgedrückt: In einer dynamischen Zivilisation nimmt die Ungleichzeitigkeit des Gleichzeitigen zu. Diese Ungleichzeitigkeit des Gleichzeitigen war vor einhundert Jahren ein Thema der kulturtheoretischen Analysen Friedrich Nietzsches. Aber schon Friedrich Schlegel hat sie bemerkt und beschrieben.

In Begriffen der Evolutionstheorie ausgedrückt heißt das: Mit der evolutionären Dynamik wächst die Reliktmenge an. Genau das ist die gewiß nicht hinreichende, aber notwendige Bedingung für den gleichfalls nur scheinbar paradoxen Bestand, daß mit der Dynamik unserer Kultur deren Musealisierungsgrad wächst. Komplementär zur Zivilisationsdynamik verläuft auch die Musealisierung unserer Zivilisation progressiv.

Was sind denn Museen?[3] Museen sind, unter diesem Aspekt betrachtet, nichts anderes als Schauhäuser von Zivilisationsrelikten, und jeder Museumsfachmann weiß, daß, zum Beispiel in unseren blühenden Technik-Museen[4], ineins mit der temporalen technologischen Innovationsverdichtung sich auch die Zeitspannen verkürzen, innerhalb derer die Eröffnung der jeweils neuesten Museumsabteilung fällig wird.

---

3   Zur Museumsphilosophie vgl. HUDSON, K., Museums for the 1980s. A Survey of World Trends, Paris, London 1977.
4   Zu deren Geschichte vgl. KLEMM, F., Geschichte der naturwissenschaftlichen und technischen Museen, München 1973. Deutsches Museum, Abhandlungen und Berichte, 41. Jahrgang, Heft 2.

Ich wiederhole, daß die skizzierte Gegenwartsschrumpfung, zu der sich der Prozeß der kulturellen Musealisierung komplementär verhält, lediglich eine notwendige und nicht eine hinreichende Bedingung des Musealisierungsprozesses darstellt. Die Frage liegt ja nahe, warum wir, nach Analogie naturaler Evolutionen, die anfallenden Kulturevolutionsrelikte nicht einfach naturwüchsigen Recycling-Prozessen überlassen. Wieso verwahren wir, zumindest in repräsentativen Exemplaren, was doch gerade durch sein Veraltetsein, durch sein Ausgeschiedensein aus aktuellen funktionalen Zusammenhängen charakterisiert ist?

Genau diese Frage ist, am kulturell gar nicht marginalen Exempel der Musealisierung aufgeworfen, die Frage nach der Funktion des historischen Bewußtseins in dynamischen Zivilisationen. Die Antwort auf die Frage nach der Funktion des historischen Bewußtseins und damit der Leistungen der historischen Wissenschaften in modernen Zivilisationen soll uns hier nur beiläufig beschäftigen.[5] Ich beschränke mich insoweit auf einige wenige Bemerkungen. Wer der Mensch sei, lesen wir bei Wilhelm Dilthey, sagt ihm seine Geschichte. Mit der Vergegenwärtigung dessen, wer wir sind, durch Erzählen unserer individuellen und kollektiven Herkunftsgeschichten hat es vergleichsweise geringe Schwierigkeiten, wenn diese erzählten Geschichten Vergegenwärtigungen von Vergangenheiten sind, über die wir nach den Mustern der Gegenwart und den auf sie sich beziehenden Lebenserfahrungen urteilen können. Die Schwierigkeiten mit der Vergegenwärtigung eigener individueller und vor allem kollektiver Vergangenheiten wachsen aber, wenn in Abhängigkeit von der skizzierten Innovationsdynamik eigene Vergangenheit einem immer rascher zur fremden Vergangenheit wird. Alsdann bedarf

---

5 Die Wissenschaftstheorie und Kulturtheorie der historischen Wissenschaften ist in meinem Buch »Geschichtsbegriff und Geschichtsinteresse. Analytik und Pragmatik der Historie«, Basel, Stuttgart 1977, aufgearbeitet.

es expliziter Leistungen eines schließlich sogar wissenschaftlich disziplinierten historischen Bewußtseins, um eigene Vergangenheit in ihren fremd gewordenen Elementen verstehen und damit aneignungsfähig halten zu können beziehungsweise die Vergangenheit anderer diesen zurechnungsfähig.

Kurz: Die Leistungen des historischen Bewußtseins sind Leistungen zur Kompensation eines änderungstempobedingten kulturellen Vertrautheitsschwundes. Die Nötigkeit dieser Leistungen nimmt modernitätsabhängig zu. Der Denkmalsschutz ist ein besonders anschauliches Beispiel, an welchem wir diesen Zusammenhang von Modernisierung und historisierender Konservierung ablesen können. Je rascher uns in Abhängigkeit von der wirtschaftlich und technisch bedingten Baudynamik unsere städtischen und dörflichen architektonischen Lebensambientes vor unseren eigenen Augen Züge der Fremdheit annehmen, um so mehr steigern wir die Intensität unserer konservatorischen Bemühungen in bezug auf das, was besonders geeignet ist, Erfahrungen einer sich durch die Zeit hindurch haltenden Selbigkeit zu binden. Exemplarisch heißt das: Je mehr sich die Skyline von Frankfurt der von Dallas oder Denver annähert, um so unerträglicher ist uns der Gedanke, man hätte diesem Progreß nun auch noch das Großdenkmal architektonischen Historismus, das alte Opernhaus, geopfert und seinerzeit, gemäß dem Vorschlag des damaligen Oberbürgermeisters, seine Ruine in die Luft gesprengt.

Noch einmal also: Die historische Kultur ist eine spezifisch moderne Kultur, deren Nötigkeit ineins mit der Dynamik der modernen Zivilisation zunimmt, und diese Nötigkeit ist keine andere als die, unter Bedingungen der skizzierten Gegenwartsschrumpfung expandierende Vergangenheit mit dieser Gegenwart verknüpfbar zu halten. Unter Inanspruchnahme der in diesem Zusammenhang unvermeidlich gewordenen Kategorie der Identität läßt sich dasselbe auch so ausdrücken: Die Leistungen des historischen Bewußtseins kompensieren Gefahren temporaler Identitätsdiffusion.

Ich füge, um historische Kulturwissenschaften einerseits und Naturwissenschaften andererseits insoweit zusammenzubinden, noch die Bemerkung an, daß gleichzeitig mit der Entdeckung der Historizität der Kultur auch die Entdeckung der Historizität der Natur erfolgt ist. Auch im bürgerlichen Bildungsbewußtsein haben von Anfang an Kulturhistoriographie einerseits und Naturhistoriographie andererseits eine gleichgewichtige Stelle behauptet. Aus gutem Grund hat man vorm Portal der alten Friedrich-Wilhelms-Universität Unter den Linden zu Berlin beiden Brüdern Humboldt das ihnen gebührende Denkmal gesetzt – dem Kulturhistoriker Wilhelm einerseits und dem Naturhistoriker Alexander andererseits. Analog sind auch an der Wiener Ringstraße beide Museen, sowohl das Kulturhistorische Museum als auch das Naturhistorische Museum, durch ihre markanten, herausragenden Kuppelbauten ausgezeichnet. In beiden Fällen, im Falle der Naturgeschichte nicht anders als im Falle der Kulturgeschichte, erbringt das historische Bewußtsein eine analoge Ordnungsleistung. Es ist die Leistung der Herstellung einer genetischen Verknüpfung von naturalen oder kulturellen Evolutionsrelikten, die, unverbunden, ein Chaos bilden würden und die sich dann durch Herstellung eines Deutungszusammenhangs ihrer genetischen Abhängigkeit voneinander zur Ordnung einer erzählbaren Geschichte zusammenfügen.[6]

Hat man das verstanden, so erkennt man auch, daß historische Kulturwissenschaften einerseits und Naturwissenschaften andererseits sich nicht dadurch unterscheiden, daß die einen, die historischen Kulturwissenschaften, es eben mit einem durch Geschichtlichkeit ausgezeichneten Gegenstand zu tun hätten, die

---

6   Und damit den spezifisch modernen Begriff von Naturgeschichte konstituieren. Vgl. dazu LEPENIES, W., Das Ende der Naturgeschichte. Wandel kultureller Selbstverständlichkeiten in den Wissenschaften des 18. und 19. Jahrhunderts, Frankfurt am Main 1978.

Naturwissenschaften aber mit einem ungeschichtlichen Gegenstand. Naturgeschichten sind Geschichten wie Kulturgeschichten.[7] Die Besonderheit der Kulturgeschichte besteht insoweit in nichts anderem als in der sprachlich-symbolischen Form des kulturellen intergenerativen Informationstransfers – im Unterschied zur genetischen Form des intergenerativen Informationstransfers in der biologischen Evolution. Der sprachlich-symbolische Modus des intergenerativen kulturellen Informationstransfers, wie er für die Kulturgeschichte charakteristisch ist, ist übrigens zugleich die entscheidende Bedingung für die gegenüber der biologischen Evolution extrem gesteigerte Geschwindigkeit der kulturellen evolutionären Abläufe.

Indessen: Die in anderen Zusammenhängen von mir ausführlicher beschriebenen Funktionen des historischen Bewußtseins sollen uns hier nicht weiter beschäftigen. Das historische Bewußtsein ist nur eine der kulturellen Konsequenzen moderner zivilisatorischer Beschleunigungserfahrungen. Eine weitere ist die Erfahrung zunehmenden Zeitdrucks, unter die man, individuell wie institutionell, beim Versuch gerät, den temporal verdichteten Innovationsanfall kulturell zu verarbeiten. Diesen Bestand kann man exemplarisch an einem kulturgeschichtlich ebenso signifikanten wie bedeutungsvollen Vorgang ablesen, nämlich an Veränderungen in der sogenannten Lesekultur, die gleichfalls just im Jahrhundert des aufgehenden historischen Bewußtseins, nämlich im 18. Jahrhundert, einen dramatischen Lauf nehmen. Es ist, zweihundert Jahre vor den wohlbekannten gegenwärtigen, jährlich sich überbietenden Buchmessen-Rekordziffern, das Jahr-

---

7   Die Strukturidentität von Naturgeschichten und Kulturgeschichten habe ich des Näheren in meiner Abhandlung »Die Einheit von Naturgeschichte und Kulturgeschichte. Bemerkungen zum Geschichtsbegriff« ausgeführt (Akademie der Wissenschaften und der Literatur zu Mainz, Abhandlungen der Geistes- und Sozialwissenschaftlichen Klasse, Jahrgang 1981 (Nr. 10).

hundert der Dauerklagen über die steigende Flut der Publikationen, von der man jeweils zu Michaelis neu und neu überrascht wird. Was das quantifiziert bedeutet, mag man, exemplarisch, an David A. Kronick's »History of Scientific and Technical Periodicals« (New York 1962) ablesen. Es erübrigt sich, hier die einschlägigen Zahlenkolonnen vorzuführen.

Nächst der zitierten Klage ist aber die Standardreaktion des lesenden Publikums auf die fragliche kulturelle Innovationsverdichtung eine ebenso naheliegende wie folgenreiche: Eine Kultur des extensiven Lesens, die die Kunst des intensiven Lesens partiell verdrängt, entwickelt sich.[8] Noch einfacher gesagt: In Reaktion auf die publizistische Innovationsverdichtung wird die Rezeptionskapazität durch Erhöhung des Lesetempos gesteigert.

In einem prominenten Fall heißt das exemplarisch: Goethe las, wie er gegenüber Kanzler von Müller 1830 erwähnte, im Durchschnitt einen Oktavband pro Tag. Wenn man eine gewisse Vorstellung von den Verlaufsformen Goethescher Tages- und Jahreszeiten hat, so versteht sich von selbst, daß die für ein solches Lesepensum benötigte Lesetechnik nicht die des hermeneutischen Sinnens und Buchstabierens gewesen sein kann, wie sie Faust uns bei seinem bekannten Umgang mit dem ersten Satz des Johannes-Evangeliums vorführt. Auch Extremwerte wurden in anderen prominenten Fällen damals schon erreicht. Kein Geringerer als Schlosser hat, eigener Bekundung zufolge, als Gymnasiast in Jever binnen drei Jahren viertausend Bücher konsumiert.

Die kulturelle Innovationsverdichtung erhöht hier epochenspezifisch den Zeitdruck als Erfahrung der Zeitverknappung

---

8 Zur Geschichte der Lesekultur vgl. exemplarisch ENGELSING, R., Die Perioden der Lesergeschichte in der Neuzeit. Das statistische Ausmaß und die soziokulturelle Bedeutung der Lektüre, in: Börsenblatt für den Deutschen Buchhandel – Frankfurter Ausgabe –, Nr. 51 (27. Juni 1969), S. 1541–1569.

durch strukturell anwachsende Inkongruenz des wachsenden Reichtums gebotener Aneignungsmöglichkeiten und der in ihrer Gebundenheit an die grundsätzlich konstant bleibende Lebenszeit relativ abnehmenden Rezeptionschancen.

In ihrer kulturellen Bedeutung weit wichtiger als die simple Technik der Erweiterung der Rezeptionskapazitäten in bezug auf Publikationen durch Erhöhung der Rezeptionsgeschwindigkeit ist die dramatische Zunahme des Zwangs zur Selektion in der Aneignung der dramatisch wachsenden Fülle des Gebotenen. Eine der wichtigsten Wirkungen dieses Selektionszwangs ist naheliegenderweise diese: Die relative Menge dessen, was in kulturell verbindliche Lektürekanons eingebunden werden kann, nimmt ab. Damit nimmt zugleich die kulturelle Homogenität in der Prägung der Kulturgenossen durch gleichartige Rezeptionsleistungen ab. In Abhängigkeit von nicht mehr kanonisch oder curricular festschreibungsfähigen zufälligen Umständen wächst der Grad der Differenziertheit dessen, was Individuen, gegebenenfalls auch Individuen in gebundenen Gruppen, sich tatsächlich aneignen. Damit wächst tendenziell die Ungleichverteilung kulturell insgesamt vorhandenen Wissens. Anders ausgedrückt heißt das: Das Zeitalter der anlaufenden publizistischen Massenproduktion löst, statt Vermassungseffekte, ganz im Gegenteil Individualisierungsprozesse aus.

Es erübrigt sich, diese kulturellen Folgen der Brechung der Innovationsverdichtung an den engen temporalen Grenzen der Lebenszeit weiter auszumalen. Man erkennt vor diesem Hintergrund den Sinn der Feststellung von Ernst Robert Curtius, die Aufklärung habe die Autorität des Buches zertrümmert.[9] Das bedeutet: Die relative Menge des kanonisch gebundenen

---

9   Vgl. CURTIUS, E.R., Europäische Literatur und lateinisches Mittelalter, 9. Aufl., 1948, S. 352.

Kulturguts nimmt zugunsten frei rezipierbarer, zugleich in dramatisch wachsender Menge frei produzierter Informationen ab.

Man nimmt in dieser Beschreibung die kulturelle Evolution als einen Prozeß wahr, der alsbald die Frage nahelegt, wie das weitergehen und wo das enden soll. Das kann doch nicht immer so weitergehen! – das ist die in eine Expression sich umsetzende Erfahrung mit der eingangs skizzierten Innovationsverdichtung, und wie das Individuum sich unter dem Druck dieser Erfahrung behauptet, sei, noch einmal am Exempel sich entwickelnder Lesekultur, an einschlägigen Äußerungen zweier Prominenter erläutert. Schopenhauer gab, bevor er selber noch als Erfolgsautor das größere Publikum beschäftigte, die Parole aus, man solle nichts lesen, »was soeben das größere Publikum beschäftigt«.[10] Die Voraussetzung und Konsequenz dieser Äußerung ist ersichtlich ein wachsender Grad der Beliebigkeit des jeweils Aktuellen und damit eine abnehmende Chance der Verpflichtung der Kulturgenossenschaft aufs jeweils Neueste. Dieser kulturelle Vergleichgültigungseffekt, den die Innovationsverdichtung auslöst, wird uns später noch in anderen Zusammenhängen beschäftigen. Die relative Menge dessen, was als verbindlich jedermann angesonnen werden kann, nimmt mit der Menge des insgesamt verfügbaren Kulturguts ab, und indem Schopenhauer daraus die Konsequenz der Empfehlung zieht, sich um das jeweils Aktuelle gar nicht mehr zu kümmern, ergibt sich natürlich die Frage, worum man sich dann statt dessen kümmern solle. Darüber hatte sich, schon einige Jahrzehnte früher, Friedrich Schiller geäußert, nämlich 1788 Körner gegenüber, dem er schrieb, er werde »in den nächsten zwei Jahren« »keine modernen Schriftsteller mehr«, also

---

10   Vgl. SCHOPENHAUER, A., Parerga et Paralipomena. Kleine philosophische Schriften, Bd. 2, Leipzig 1891, S. 590.

nur noch die alten Schriftsteller lesen.[11] Genau in diesem Kontrast der innovationsverdichtungsabhängig wachsenden Menge des nur noch selektiv Rezipierbaren und damit gemeinkulturell nicht mehr als verbindlich Zumutbaren konstituiert sich das kulturelle Phänomen des Klassischen im spezifisch modernen Sinn: Klassisch ist, was sehr alt, wirkungsgeschichtlich nachweislich auch gegenwärtig wirksam und was in eben diesem Sinn unbeschadet seines Alters nicht veraltet ist.

In Temporalitäts-Kategorien ausgedrückt heißt das: Im Kontrast zur innovationsverdichtungsabhängig rasch wachsenden Menge kultureller Bestände von hoher Alterungsgeschwindigkeit gewinnt Klassik an Interesse als ein Bestand mit der Verheißung höherer temporaler Geltungskonstanz. Evolutionstheoretisch ausgedrückt heißt das: Die Menge der Orientierungen, der literarischen und sonstigen Normen, die Menge des alltagspraktisch oder auch wissenschaftspraktisch erworbenen Wissens, durch das sich die Einheit einer Kultur charakterisieren läßt, ändert sich mit der Änderung dieser Kultur nicht in toto mit analoger Änderungsgeschwindigkeit. Vielmehr differenzieren sich mit wachsender Kulturdynamik immer unübersehbarerer Bestände geringerer und größerer Geltungskonstanz aus. Genau diese Ausdifferenzierung kultureller Bestände von sichtbar größerer oder, auf der anderen Seite, geringerer Änderungsresistenz provoziert nun, wie man leicht erkennt, vorher gar nicht vorhanden gewesene Möglichkeiten, sich entweder beim Beharrenden oder, auf der anderen Seite, beim sich Ändernden zu engagieren. Progressive und konservative kulturelle Entwicklungslinien werden gegeneinander wahrnehmungsmäßig isolierbar und schließlich auch ideologisierbar, ja politisierbar.

11 Briefwechsel zwischen Schiller und Körner von 1784 bis zum Tode Schillers. Mit einer Einleitung von Ludwig Geiger. 1. Bd., Stuttgart 1892, 20. August 1788, S. 246–250, S. 249.

Diesen Ideologisierungs- und Politisierungsfolgen der Erfahrung der Beschleunigung kultureller Abläufe möchte ich mich nun in einem weiteren kleinen Durchgang zuwenden. Eine signifikante frühe Erscheinung dieses Vorgangs ist die wiederum von Reinhart Koselleck eindrucksvoll beschriebene Futurisierung der Utopie.[12] Die Wahrnehmung und Kritik der Welt, in der wir tatsächlich leben, aus der Perspektive der Vorstellung einer besseren Welt ist nichts spezifisch Neues, vielmehr ein kultureller Gemeinbestand, der zu den Gehalten klassischer Überlieferung gehört. Bis tief in die Neuzeit hinein, noch in der Renaissance, hatte die damals zuerst so genannte Utopie einen räumlichen Status, das heißt, sie zeigte uns das Bild einer besseren Welt als eine in einem anderen, fernen Raum bereits realisierte Welt. Mit der Eroberung des Raums, der auf der Erde schließlich keine unbekannten Gegenden von vermuteter Attraktivität mehr übrigließ, geht schon aus diesem Grund die Möglichkeit verloren, die bessere Gegenwelt zu unserer eigenen Welt im Raum anderswo zu vermuten. Die Temporalisierung der Utopie durch Umsetzung der literarisch realisierten Vollkommenheit vom fernen Raum in die ferne Zeit setzt überdies voraus, daß der gesellschaftliche Zustand, in welchem man sich gegenwärtig befindet, zugleich als ein in gerichteter Wandlung befindlicher Zustand wahrgenommen wird. Das erzwingt die moralisch-politische Validierung der Zukunft, mit der man unter Bedingungen eines erfahrenen gerichteten Wandels der Dinge rechnen muß, und die Heilsutopie repräsentiert literarisch das positive Resultat in der Validierung dessen, was man für die Zukunft erwartet. Daraus ergeben sich bedeutende kulturelle und schließlich ideologisch-politische Konsequenzen. Erstens wird es nunmehr zwingend, den Versuch zu machen, Herkunftsgeschichte in die Zukunftsgeschichte hinein zu verlängern, um so die Zukunft, als ein Bes-

---

12 Vgl. Koselleck, R., Die Verzeitlichung der Utopie, in: Utopie-Forschung, Bd. 3, Frankfurt am Main 1982, S. 1–14.

seres jenseits der Gegenwart, zu erkennen. Zweitens wird man im Interesse einer konkreteren Bestimmung gegenwärtiger Fälligkeiten den Versuch machen müssen, den Weg der Geschichte zwischen Herkunft und Zukunft epochal zu gliedern, um dann in solcher Epochenabfolge die ephemere eigene Gegenwartsepoche zu bestimmen. Drittens resultiert aus der Einsicht in die höhere moralische und politische Validität der Zukunft die Verpflichtung, die Bewegung in sie hinein zu beschleunigen.

Damit ist, in äußerster Kürze, die in politische Ideologie transformierte klassische Geschichtsphilosophie beschrieben. Eine besondere Finesse ist in diesem Zusammenhang die Eignung dieser historizistischen Ideologie zur politischen Selbstprivilegierung ihrer Subjekte. Die in politische Ideologie transformierte Geschichtsphilosophie hat nämlich das Besondere, kraft der für sie charakteristischen Einsicht in den epochalen Geschichtsverlauf den Subjekten dieser Einsicht sagen zu können, wieso sie, kraft ihrer Position im Geschichtsverlauf, die bislang Ersten und Einzigen sind, die der Einsicht in eben diesen Geschichtsverlauf überhaupt fähig sind. Daraus ergibt sich die Selbstzuschreibung der Rolle, als Partei bereits gegenwärtig die Zukunftsmenschheit in Vorhutgestalt zu repräsentieren und das Recht, ja die Pflicht zu haben, die entsprechenden Fälligkeiten politisch verbindlich zu machen. Das politische Programm, das sich daraus ergibt, ist sozusagen jenes Emanzipationsprogramm, das Erzieher an ihren Zöglingen vollstrecken. Die Erzieher wissen ja bereits, was der Zögling noch gar nicht wissen kann, und just diese Asymmetrie der Beziehungsverhältnisse, die in der Generationenabfolge das Verhältnis von Alten und Jungen bestimmt, wird, sozusagen in einem Konzept der politischen Erziehung des Menschengeschlechts, auf die singuläre Entwicklung der Gattung übertragen.

Die Konsequenzen einer solchen geschichtsphilosophisch-ideologischen Orientierung der Politik an einem als grundsätzlich begriffen unterstellten Geschichtslauf sind erheblich. Erstens werden, durch die angedeutete Beschleunigungsverpflichtung legitimiert, revolutionäre Änderungspotentiale freigesetzt. Zweitens wird die Politik in einem bisher nicht gekannten Ausmaß potentiell terrorfähig, nämlich durch die politischen Diskriminierungsfolgen der nunmehr hergestellten Deckungsgleichheit von Alt und Neu einerseits und Schlecht und Gut andererseits. Drittens schlägt eine ideologisch so orientierte Politik, wo immer sie gesiegt hat, zwangsläufig in Ultrakonservativismus und Dogmatismus um. Nichts ist ja konservierungsbedürftiger als jene Doktrin, die einen als in weltgeschichtlich privilegierter temporaler Position befindlich zu sein bestätigt.

Wie wir alle wissen, hat diese in Ideologie transformierte Geschichtsphilosophie Weltgeschichte gemacht. Auf Deutsche zumal wirkte es rührend, zumindest anrührend, bei Gelegenheit politischer Umzüge in Moskau, in Peking oder auch in Tirana die Großkonterfeis deutscher Privatdozenten, Professoren und Intellektuellen, die in der Schule des sogenannten Deutschen Idealismus gebildet wurden, zu erblicken – Karl Marx oder Friedrich Engels und gelegentlich auch ihren Lehrer Hegel.

Karl Popper hat die vermeintliche Einsicht in die Gesetzmäßigkeit historischer Abläufe »historizistisch« genannt, und er hat sein Buch »Das Elend des Historizismus«[13] den Opfern des Irrglaubens an die Existenz von Geschichtsgesetzen gewidmet. In zurückgenommener, nämlich wissenschaftstheoretischer Weise ausgedrückt besagt dieser Irrtum, daß die unverkennbare Gerichtetheit der zivilisatorischen Evolution eben keine Zielgerichtetheit ist, daß die beschleunigenden, ordnungsstiftenden oder auch ordnungsauflösenden Innovationen innerhalb dieses Prozesses kontingenten Charakter haben, mit der Wirkung, daß die Evolution als solche, unbeschadet ihrer Gerichtetheit, nicht prognostizierbar ist. Einfacher gesagt: Die Zukunft der kulturellen

---

13   Vgl. POPPER, K., Das Elend des Historizismus, Tübingen 1969.

Evolution ist offen, und eine Politik, die sich statt dessen an einer Ideologie orientiert, die die Zukunft als eine durch gesetzmäßige Epochenabfolge besetzte Zukunft behandelt, verwandelt daher zwangsläufig auch die Gesellschaft von einer offenen in eine geschlossene Gesellschaft.

Es bleibt noch kulturhistorisch anzumerken, daß die skizzierte ideologisch-politische Reaktion auf die Erfahrung der Geschichte als eines gerichteten und zugleich sich beschleunigenden Prozesses, die Reaktion nämlich der Selbstverpflichtung auf die Aufgabe, durch eigene Aktivitäten zur Beschleunigung der Geschichte zusätzlich beizutragen, ein Säkularisat älterer, nämlich religiös formierter Erfahrungen eschatologischen Zeitdrucks ist. Ernst Benz[14] hat das in seiner materialreichen Abhandlung über die Akzeleration der Zeit als geschichtliches und heilsgeschichtliches Problem glanzvoll beschrieben. Wenn das Ende aller Dinge näherrückt, so wird die Zeit zur fälligen Vorbereitung daraufhin knapp. Die Missionspraxis bedarf der Beschleunigung und in der Auswanderung reagiert man nicht nur auf heimische materielle Not, sondern löst sich zugleich auch von den Bindungen an die alte Welt zur besseren Vorbereitung auf die himmlische neue. Kurz: Man existiert bewegt und darf hoffen, eben dadurch die Annäherung des Erhofften zu beschleunigen.

Aber auch ganz unabhängig vom ideologisch-geschichtsphilosophischen Imperativen konstituiert sich unter dem Druck kulturevolutionärer Beschleunigungserfahrungen ein objektiver Zwang zu Versuchen, jeweils an der Spitze erkennbarer Bewegung zu bleiben. Dieser Zwang wird insbesondere unter Bedingungen der Entbindung des Produktions- und Distributionssystems von Schranken der Zunftordnung und ständischer Gliederung der Gesellschaft virulent. Unter der schönen Metapher

---

14   Vgl. Benz, E., Akzeleration der Zeit als geschichtliches und heilsgeschichtliches Problem. Akademie der Wissenschaften und der Literatur zu Mainz, Jahrgang 1977, Nr. 2.

»Der entfesselte Prometheus« hat David S. Landes[15] das beschrieben. Die wichtigsten Elemente dieser Beschreibung der industriellen Entwicklung von 1750 bis zur Gegenwart sind, in konzeptueller Hinsicht, die folgenden. Erstens gehört zu den Voraussetzungen dieses Vorgangs der bereits bekannte Bestand einer dramatischen Erhöhung der Innovationsrate im wissenschaftlichen und technischen System. Zweitens verkürzen sich die Fristen zwischen wissenschaftlich-technischer Innovation einerseits und wirtschaftlicher Nutzung andererseits. Drittens haben die technischen Innovationen ihrerseits zu einem nicht unerheblichen Teil den Sinn, die Produktivität, das heißt die Produktionsgeschwindigkeit oder auch die pro Zeiteinheit produzierbare Gütermenge zu erhöhen. Viertens erzwingen die wirtschaftlichen Vorzüge der damit erreichbaren Produktionskostenabsenkung über Mechanismen wirtschaftlicher Konkurrenz generell die Teilnahme an den einschlägigen Modernisierungsprozessen. Fünftens erhöht sich über die Menge der zu verteilenden Produkte und ihre in Abhängigkeit von modernen Produktionsverfahren dramatisch zunehmende Spezifikation die regionale und soziale Reichweite der Märkte. Sechstens erhöht sich damit die Extension des Transports, und zwar eines Massentransports von Gütern und Personen, die, als eine Extension im Raum, nur durch Erhöhung der Transportgeschwindigkeit kompensiert werden kann. Siebtens: Allein das schon erzwingt wie nie zuvor Standardisierung der Zeit als des Mediums der Handlungskoordination. Es genügt, in diesem Zusammenhang an die Entwicklung des Eisenbahnsystems zu erinnern, die es in vielen Nationalstaaten tatsächlich gewesen ist, die die Entwicklung von Standardzeit und ihre institutionelle Normierung erzwungen hat. Achtens erzwingt

---

15 Vgl. LANDES, D.S., Der entfesselte Prometheus. Technologischer Wandel und industrielle Entwicklung in Westeuropa von 1750 bis zur Gegenwart (1969), Köln 1973.

die wachsende Aufdringlichkeit der Zeit als ein berücksichtigungs-
bedürftiges Medium der Handlungskoordination Veränderungen der Verhaltensweisen. Die Tugend der Pünktlichkeit gewinnt
an Nötigkeit. Unpünktlichkeit bewirkt Ausschluß von sozialen
Kooperationschancen, und die Instrumentarien der Synchroni-
sation von Handlungs- und Planungsabläufen gewinnen gemeinkulturelle Gegenwart – von der Taschenuhr bis zum Terminkalender. Zeitdisziplin wird entsprechend bei Norbert Elias als eine
der subtilsten Folgen des Zivilisationsprozesses beschrieben.

Bei Philosophen und sonstigen Zeittheoretikern finden wir
überall mit einer gewissen Unvermeidlichkeit die Augustinische
Betrachtung zitiert, daß uns, in der Zeit lebend, die Zeit kein
Problem ist, daß wir aber, reflexiv fragend, was sie sei, stets in
Verlegenheit geraten. Unter dem zuletzt behandelten Aspekt der
durch die gesellschaftliche Entwicklung erzwungenen Standardisierung der Zeit läßt sich ein pragmatischer Zeitbegriff jetzt
mühelos formulieren: Zeit ist das Medium der Handlungskoordination, und die Nötigkeit dieser Koordination wächst mit dem
Grad der Differenziertheit und mit der Änderungsdynamik moderner Gesellschaften an.

Wieso es übrigens dahin kommen konnte, daß in jüngsten
deutschen erziehungsideologischen Kontexten die sekundäre
Tugend der Pünktlichkeit gelegentlich als repressiv diffamiert
wurde, sei hier nicht ausgeführt. Wo man das wirklich glaubt
und wo man entsprechend erzieherisch handelt, müssen die Konsequenzen die bereits beschriebenen sein: Selbstausschluß von
den differenzierten Kooperationschancen, die uns durch Teilnahme am Leben moderner Gesellschaften eröffnet sind – mit der
Folge, daß man Freiheit in ihrer Bedeutung als Zeitumgangssou-
veränität verliert und sich als Objekt, das heißt als Opfer der
Verhältnisse, erfährt.

Es gehört übrigens zu den Belustigungen unserer Gegenwart,
sich in populären kulturhistorischen Betrachtungen über die Tempo-Angst früherer Zeiten zu mokieren. Insbesondere bei den in

unseren Jahren in verschiedenen Nationalstaaten aktuellen Eisenbahn-Jubiläen wird niemals versäumt, Dokumente solcher Tempo-Angst zu zitieren. Es mag diese Dokumente geben. Die dominante kulturgeschichtliche Wahrheit ist, daß die Dynamik der modernen Zivilisation, und zwar nicht nur in dem vorhin behandelten ideologisch-politischen Kontext, stets überwiegend mit Zustimmung quittiert worden ist. Das hat seine Plausibilität im Blick auf die Evidenz der Lebensvorzüge, wie sie erst die moderne Zivilisation zu verschaffen vermochte. Befreiung des Menschen vom niederdrückenden Zwang schwerster physischer Arbeit, Steigerung der Produktivität der Arbeit, über Steigerung der Produktivität der Arbeit Mehrung der Wohlfahrt, über Mehrung der Wohlfahrt Mehrung der sozialen Sicherheit und über Mehrung der sozialen Sicherheit Mehrung des sozialen Friedens – diese evidenten Vorzüge des Lebens in modernen Gesellschaften haben sich auch heute keineswegs im Nebel verloren. Sie haben unverändert ihren jedermann erkennbaren Ort auf der Gemeinplatzebene. Die immer noch überwiegende Akzeptanz der modernen Gesellschaft erklärt sich aus der Evidenz jener Lebensvorzüge. Wir haben uns an die durch sie legitimierte zivilisatorische Dynamik inzwischen so sehr gewöhnt, daß es, unbeschadet der Folgelasten, die auch aus ihr resultieren und die hernach noch zu behandeln sind, mit Sicherheit erhebliche Folgeprobleme der Gewöhnung an einen weniger dynamischen Zustand der Dinge, vielleicht sogar der Gewöhnung an stagnierende Verhältnisse, geben müßte. Eines dieser Folgeprobleme möchte ich exemplarisch andeuten: Einkommensdifferenzen sind, sogar als wachsende Differenzen, relativ leicht sozialpsychologisch und damit auch politisch zu verarbeiten, wenn auf allen Ebenen, insbesondere auch auf der jeweils untersten Ebene, Zuwächse zu verzeichnen sind. Die Befriedigungswirkung erfahrener Zuwächse, so scheint es, ist stets größer als die Befindlichkeitswirkung des Blicks auf die Niveauunterschiede. Eben das ändert sich aber unter Bedingungen der Stagnation – mit der Wirkung einer Verschärfung der Verteilungskämpfe.

So oder so: Zivilisationskritik als eine durch Erfahrungen der Belastung durch Änderungsdynamik provozierte Kritik ist kulturgeschichtlich ein relativ spätes Phänomen. In der Frühzeit der Industrialisierung gibt es nicht nur die angedeuteten politischen Aufrufe zur Bewegung mit der erhofften Wirkung einer politischen Beschleunigung der Geschichte. Es gibt die Feier der Rationalisierungsgewinne, die sich ja, da sie über Produktionsgeschwindigkeitserhöhung laufen, als Gewinn nutzbarer Zeit deuten lassen. Es gibt die Lust an der Geschwindigkeit sogar als ästhetisch kultivierte Lust – in der Musikgeschichte zum Beispiel, die vom Spätbarock über die Wiener Klassik bis zur Romantik nicht zuletzt durch eine Dramatisierung in der Kontrastierung der Tempi gekennzeichnet ist. Schnelligkeitsvorschriften, die es früher nie gab, treten nun kompositionstechnisch auf – bis hin zur Selbstaufhebung dieser Steigerung in den Bereich des Absurden hinein. Robert Schumanns Klaviersonate g-moll, op. 22, ist dafür das auffälligste Beispiel. »So schnell wie möglich« heißt es gleich zu Beginn, worauf dann etliche Takte weiter das Kommando erfolgt: »Noch schneller«.

In der Schilderung solcher Inhalte moderner Zeit-Erfahrung als Beschleunigungserfahrung ließe sich lange fortfahren. Die Bestände, eingangs als Bestände der Innovationsverdichtung gekennzeichnet, auf die sich diese Zeit-Erfahrung bezieht, haben in ihrer Verlaufsgestalt partiell exponentiellen Charakter. Über die publizistische Verbreitung der Ergebnisse der Vermessung solcher zivilisatorischen Verläufe sind die entsprechenden Kurvenschaubilder inzwischen nahezu jedem Medienkonsumenten vertraut geworden. Das erklärt, wieso sich Symbolisierungen dessen heute bis in die Kunstszene hinein antreffen lassen. Auf einer Basler Ausstellung moderner Kunst unter nicht zufälliger Einbeziehung des zivilisationskritischen Themas, für das heute die Farbe »Grün« Symbolfarbe ist, war kürzlich eine sogenannte Exponen-

tialtreppe zu sehen, deren Anstieg gemütlich beginnt, dann aber rasch einen in Steilwände hineinführt, die den Absturz wahrscheinlich machen. Nur in der Mathematik lassen sich ja exponentielle Verläufe bis ins Unendliche hinein extrapolieren. In der Wirklichkeit wäre in der Tat das Ende solchen Fortschritts der in Basel symbolisierte Exponentialtreppenabsturz, sofern in der Reaktion auf die Erfahrung solcher Verläufe nicht zukunftsträchtigere Lösungen gefunden werden. Einige tatsächlich beobachtbare Reaktionsformen auf kulturelle Verläufe möchte ich schildern. Dabei kommt es natürlich lebenserfahrungsmäßig gar nicht in jedem Falle darauf an, ob die fraglichen Verläufe auch vermessen sind. Es genügt, daß sie für die sie wahrnehmenden Zeitgenossen die Anmutungsqualität haben, daß es nicht immer so weitergehen kann. Ich demonstriere das zunächst am Beispiel der Kunst. Auch hier läßt sich zunächst eindrucksvoll das Phänomen der Innovationsverdichtung konstatieren. Einem vom Konstanzer Romanisten Hans Robert Jauss erarbeiteten Kalendarium kunstgeschichtlich üblicher Epochenbegriffe ist die Auskunft zu entnehmen, daß in dem Halbjahrhundert zwischen 1850 bis 1900 konventionellerweise sieben große Stilrichtungen in der bildenden Kunst sich unterscheiden lassen – vom Realismus bis zum beginnenden Sezessionismus. Hingegen wird allein für das eine Jahrzehnt zwischen 1960 und 1970 die doppelte Anzahl gängiger Hauptstilrichtungen unterschieden – nunmehr vom Magischen Realismus bis zum Environment. Das bedeutet eine Steigerung der künstlerischen Innovationsrate um den Faktor zehn in einhundertundzwanzig Jahren.

Nichts hat diese Beschleunigung stärker vorangetrieben als die künstlerische Selbstverpflichtung auf Avantgardismus.[16] Darun-

---

16 Vgl. dazu meinen Aufsatz »Historisierung und Ästhetisierung. Über Unverbindlichkeiten im Fortschritt«, in: Oikeiosis, Festschrift für Robert Spaemann, hrsg. von Löw, R., Weinheim 1987, S. 149–166.

ter mag hier schlicht das Prinzip verstanden werden, die Neuerung als Neuerung zu prämieren. Dazu paßt, in den wilden Jahren des Futurismus, der Gestus des Museumssturms, auch die Thematisierung der Geschwindigkeit im Sujet und die Ästhetisierung der Technik als des realen Mediums der Steigerung der Geschwindigkeit zivilisatorischer Verläufe.

Indessen sind die Konsequenzen der Selbstverpflichtung auf künstlerische Produktion vom Typus permanenter innovatorischer Selbstüberbietung paradox, genauer: scheinbar paradox. Für das Individuum zunächst ist nämlich die Konsequenz diese: Wer heute bereits von morgen sein will, bewirkt nur, daß er übermorgen selber von gestern ist. Entsprechend wächst die Menge der Künstler ständig, die in ihren späteren Lebensphasen nichts anderes mehr sind als die Repräsentanten der großen Neuerung, für die sie vorgestern standen. Auch hier ist der Preis des Avantgardismus die Erhöhung der Veraltensrate, und die Menge der Produkte wächst, die bereits bei Ablieferung Museumsreife erlangt haben.

Ein anderes Moment kommt hinzu: Die Verarbeitungskapazitäten des historischen Sinns werden überfordert. Anschaulich heißt das: Wer heute die Entwicklung der Gegenwartskunst im knappen Zeitraum eines halben Jahrhunderts zwischen dem Beginn der dreißiger Jahre und unseren eigenen Gegenwartsjahren in wirklich repräsentativen Materialien vorführen will, benötigt dafür Objekte in einer Menge, die sich in konventionellen Museums- und Ausstellungsräumen gar nicht mehr unterbringen lassen. Entsprechend war man für die repräsentative Westkunst-Ausstellung 1983 in Köln darauf angewiesen, für die ausstellungstechnische Vergegenwärtigung der Entwicklung der Kunst in fünfzig Jahren Messehallen in Anspruch zu nehmen. Es ist evident, daß in der avantgardismusbedingt höchst disparaten Objektfülle, im Chaos der Reliktmenge, genetische Ordnung allenfalls noch der Spezialist hineinzubringen vermag. Der nicht spezialistische Zeitgenosse und Kunstfreund nimmt nun gerade nicht mehr Genesen, vielmehr Chaos wahr, und die angemessene Reaktionsform auf die Wahrnehmung chaotischer Fülle ist der Eklektizismus. So geht er also durch die Messehallen, partienweise eilig, und verharrt dort, wo ihm, nach kontingentem Belieben, ein Werk gefällt oder auch in betonter Weise nicht gefällt. Kurz: Die intellektuelle Form der Bewahrung der Souveränität gegenüber dem manifesten Chaos nicht bewältigungsfähiger Reliktmenge ist der Eklektizismus. Nicht zufällig ist daher der Eklektizismus Wahrnehmungs- und Verhaltensprinzip ersten Ranges im sogenannten Post-Modernismus. Vor dem Hintergrund des Geschilderten ist dieser sogenannte Post-Modernismus eine verständliche und in dieser Verständlichkeit auch rationale Reaktionsform auf den Umschlag avantgardistischer Produktion ins Wahrnehmungschaos. Der sogenannte Post-Modernismus legitimiert Vorlieben fürs Gestrige, für beliebiges Alte, dessen spezieller Vorzug ist, in sehr dynamischen Entwicklungen weniger rasch zu altern als das weniger Alte und somit Kontinuitätserfahrung zu verstatten. Ein struktureller Konservativismus bildet sich heraus, den man, auf einen Grundsatz gebracht, folgendermaßen charakterisieren könnte: Beschränkung innovatorischer Praxis, statt auf Möglichkeiten, auf erwiesene Nötigkeiten.

Die Reichweite dieses Grundsatzes erstreckt sich weit über die Kunstszene hinaus in den allgemeinen moralisch normierten Lebensverbringungszusammenhang hinein. Das sei an einem anderen gewichtigen Fall spezifisch moderner Zeiterfahrung gezeigt. Unter Bedingungen der Innovationsverdichtung wird Zeit nicht nur ein knappes Gut. Zeit, als Lebenszeitanteil, wird über Produktivitätssteigerung auch als Freizeit freigesetzt, daß heißt, die Lebenszeiträume dehnen sich für die Mehrzahl der modernen Zivilisationsgenossen immer weiter aus, in denen nichts geschähe, wenn es nicht selbstbestimmt geschähe. Eben das macht wie nie zuvor die Fähigkeit zu produktiver Selbstbestimmung, das heißt, die Fähigkeit zu produktiver, lebensglückträchtiger Zeitverbringung nötig, und es ist daher kein

Zufall, daß die Lebensorientierungsgröße »Selbstverwirklichung« im Kontext des Wertewandels dominant wird – bis in die Lebensberatungsspalten der Familien- und zumal auch der Frauenpresse hinein.

Generell darf unserer Gegenwartskultur bescheinigt werden, daß sie in Reaktion auf die Erfahrung der Zeit als notwendigkeitsentlasteter, durch Produktivitätsfortschritte befreiter Zeit sich als schöpferisch erwiesen hat. Die Schilderungen dessen könnte man unter die schöne Überschrift »Blüte der Alltagskultur« stellen – von der unverändert blühenden Lesekultur über die Renaissance der Hausmusik, auch der Gartenkultur bis hin zur produktiven Nutzung beruflicher Kompetenzen in den besagten Zeitfreiräumen im Kontext der sogenannten Schattenwirtschaft. Die Kehrseite solcher schönen alltagskulturellen Bestände gibt es natürlich auch –: die psychischen und sozialen Folgen der Selbstbestimmungsunfähigkeit, in der das Individuum, anstatt sich zu entfalten, sich selbst zum größten Problem wird und sich als Opfer der Verhältnisse erfährt. Die entscheidende Frage ist, wovon abhängt, ob man zu solcher Selbstbestimmung fähig sei oder nicht fähig sei. Die Faktoren der Selbstbestimmungsfähigkeit sind mannigfaltiger Art. In jedem Falle gehört zu diesen Faktoren als notwendige, wenn nicht schon als hinreichende Bedingung, gerade eine Erziehung in Orientierung an Tugenden, auch sekundären Tugenden, die über allen kulturellen Wandel hinein sozusagen klassische Geltungskonstanz behauptet haben – einschließlich der sogenannten sekundären Tugenden von der Ordnung über die Disziplin bis hin zur Pünktlichkeit oder auch der keineswegs mehr sekundären, vielmehr durchaus primären Tugenden des Maßes. – In der Zusammenfassung bedeutet das: Die der geschilderten Zeitverknappung komplementäre Freisetzung notwendigkeitsentlasteter Lebenszeit verschafft nicht nur Beliebigkeitsspielräume, in deren Zusammenhang sich die Individuen nach ihren Kulturniveaus differenzieren. Sie macht komplementär dazu zugleich auch die Orientierung an kulturellen Beständen nötig, die über den kulturellen Wandel hin gerade durch Konstanz ihrer Geltung ausgezeichnet sind.

Auf einen allgemeinen evolutionstheoretischen Satz gebracht, bedeutet das: Die Menge der Elemente, in denen eine Kultur ihre kommunikative Einheit hat, kann sich nicht beliebig rasch ändern. Hohe kulturelle Entwicklungsdynamik setzt hohe Konstanz in der Geltung eines Teils der Kulturelemente voraus. Dynamische Kulturen gefährden sich selbst durch die komplementär zu ihrer Dynamik hohe Traditionsveraltensgeschwindigkeit, und um mit der Herausforderung dieser Veraltensgeschwindigkeit von Traditionen fertig zu werden, werden die anteilmäßig gewiß rückläufigen traditionalen Bestände um so wichtiger, deren Geltung Konstanzen aufweist.

Anders ausgedrückt: Es scheint Grenzen individueller und auch institutioneller Innovationsverarbeitungskapazität sowohl in institutioneller wie individueller Hinsicht zu geben. Der intergenerative kulturelle Informationstransfer ist potentiell gefährdet, wenn die kulturellen Orientierungen jener zwei Generationen, die im sozialen Kleinverband einer modernen Familie zusammenleben, allzuweit auseinanderdriften. Prozesse des Erwachsenwerdens ebenso wie Prozesse des Älterwerdens nehmen prekäre Züge an, wenn die Menge der kulturellen Bestände, die über die kurze Frist eines durchschnittlichen Lebens hin Geltungskonstanz haben, mit Desorientierungsfolgen zusammenschmelzen.

Übrigens hat hohe Änderungsdynamik auch für die kulturelle Geltung der Wissenschaften Bedeutung. Noch im 19. Jahrhundert gab es eine gemeinkulturelle Verpflichtung des gebildeten Publikums auf Kenntnis wissenschaftlicher Weltbilder. Je mehr die Ergebnisse, aus denen heute wissenschaftliche Weltbilder gefertigt werden müssen, den Regionen des sehr Großen, sehr Kleinen und sehr Komplizierten entstammen, je größer zugleich die Dynamik im Anfall solcher forschungsabhängigen Kenntnis ist, um so geringer wird zugleich die temporale Konstanz wissenschaftlicher Weltbilder und damit die Chance, sie curricular über unsere Bildungseinrichtungen einigermaßen, nämlich für die Dauer einer Generation, geltungskonstant ins allgemeine Kulturmilieu zu transferieren. Eben das bedeutet: Wenn das Bild von der Welt, in der wir leben, sich über eine ungewisse temporale Grenze hinaus wandelt, erlischt, kraft mangelnder Realisierbarkeit, die Verpflichtung, weltbildorientierungsmäßig up-to-date zu bleiben, und die Wissenschaft erleidet kulturelle Geltungsverluste.[17] Ihr Legitimationsprinzip »curiositas« verliert an Geltung und das Prinzip der Relevanz gewinnt komplementär an kulturellem Stellenwert.

Grenzen der Verarbeitbarkeit wissenschaftlichen Fortschritts mögen in einigen Forschungsbereichen sogar in finanzieller Hinsicht auftreten. In Teilbereichen der Forschung und Entwicklung, so scheint es, steigen die Kosten der Forschungspraxis rascher an als der erhoffte Erkenntnisgewinn. Im Bereich der Kernphysik scheint das, bei der Kostenentwicklung hinsichtlich der eingeforderten, immer leistungsfähigeren Teilchenbeschleunigungsanlagen, der Fall zu sein. Kurz: Der Forschungsprozeß scheint durch einen abnehmenden Grenznutzen charakterisiert zu sein, was bedeutet, daß jenseits einer ungewissen Grenze wissenschaftspolitisch die Frage sich zwangsläufig stellt, ob uns der erhoffte Forschungsgewinn auch noch in demselben Maße teuer sei, wie er uns kommt.

Auch in den Bereichen der Wirtschaft scheint es Grenzen der Verarbeitbarkeit von Innovation zu geben. Aus der Industriegeschichte des 19. Jahrhunderts wissen wir, daß damals in vielen Produktionsbereichen die Leistungssteigerung der maschinellen Infrastruktur sich noch in Grenzen bewegte, die es wirtschaftlich möglich machte, mit der Installation einer neuen Maschinenge-

17 Vgl. dazu meine Abhaltung »Die Wissenschaften und ihre kulturellen Folgen«, Rheinisch-Westfälische Akademie der Wissenschaften, G 285, Opladen 1987.

neration zu warten, bis die ältere kraft Verschleißes veraltet war. Inzwischen gibt es viele Produktionsbereiche, in denen die von den Finanzbehörden einzuräumenden Abschreibungsfristen weit unter die gebrauchsabhängige Verschleißdauer der fraglichen Maschinen abgesunken ist und man erkennt, daß es schließlich auch wirtschaftliche Grenzen der Verarbeitbarkeit von Innovationen im Bereich von Forschung und Entwicklung gibt.

Schließlich gibt es Grenzen unserer Kapazitäten zur Verarbeitung von Innovation, die sich als Grenzen der Planbarkeit von Zukunft charakterisieren lassen. Einerseits nimmt mit der sozialen und naturalen Reichweite unseres technisch instrumentierten Handelns zugleich auch die Nötigkeit zu, die temporale Reichweite unserer Handlungspläne in immer weitere Zukunftsräume hinaus auszuweiten. Lebensweltlich nehmen wir diesen Bestand alle zur Kenntnis in Gestalt jener Terminkalender, die wir als Taschenkalender mit uns führen, und die expandierende Planungszeiträume – inzwischen bis zu drei Jahren – aufzuweisen pflegen. Anders ausgedrückt: Unter Innovationsverdichtungsdruck expandiert die mit Handlungsplänen besetzte Zukunft. Gewiß läßt sich sagen, daß Rechnen in langen Zukunftsfristen ein altes Element unserer Kultur ist. Waldbauern mußten immer schon mit der Frist mehrerer Generationen zwischen Wiederaufforstung und Walderzeit rechnen. Moderne Planungszeiträume haben aber demgegenüber eine gänzlich andere temporale Struktur. Sie erzwingen Planung als Handlungskoordination durch vorweggenommene Handlungssynchronisation, und das zugleich unter innovationsabhängig zunehmender Ungewißheit der Bedingungen, mit denen man künftig zu rechnen haben werde. Da zumindest kognitive Innovationen prinzipiell nicht prognostizierbar sind, nimmt just mit dem eigentlichen Zivilisationsdynamik auslösenden Faktor, nämlich der forschungspraxisabhängigen kognitiven Innovation, mit der Expansion planungstechnisch zu besetzender Zukunftsräume zugleich die Chance der Kalkulation der Bedingungen, mit denen man künftig zu rechnen haben werde, ab. Moderne Zivilisationsdynamik erhöht ineins somit den Ausgriff in die Zukunft und die Schwierigkeit der Findung verläßlicher zukunftsbezogener Wirklichkeitsannahmeprämissen künftigen Handelns.

Ich verzichte auf weitere Exemplifizierungen von Erfahrungen mit Grenzen unserer kulturellen Verarbeitungskapazitäten für Innovationen und liste abschließend einige Reaktionsformen, zum Teil in der Zusammenfassung von bereits Gesagtem, auf.

Erstens reagieren wir auf den erfahrenen evolutionären Charakter unserer Zivilisation mit der Historisierung dieser Zivilisation. Der Zweck dieser Historisierung ist der besagte: Wir erhalten auf diese Weise unsere eigene, uns immer rascher fremd werdende Vergangenheit als eigene Vergangenheit aneignungsfähig beziehungsweise die Vergangenheit anderer diesen zuschreibungsfähig, und halten so aussagbar, wer wir sind.

Zweitens reagieren wir auf die innovationsabhängig erhöhte Veraltensrate kultureller Bestände mit strukturellem Konservativismus, das heißt, wir kehren kompensatorisch hervor, was im Wandel der Dinge den Vorzug größerer zeitüberdauernder Geltungskonstanz hat, das heißt, wir pflegen Klassik und gehen mit Traditionen, die die Verheißung einiger Geltungskonstanz haben, wie mit knappen Ressourcen, nämlich sparsam um. Dieser Konservativismus hat mit den traditionellen politisch-ideologischen Konservativismen, die sich im frühen 19. Jahrhundert herausgebildet haben, nichts mehr gemein. Es handelt sich nicht um eine Präferenz für Altes aus der Perspektive identifizierbarer sozialer Gruppen, deren soziale Vorzugsposition an der Konservierung alter Bestände hing. Es handelt sich vielmehr um einen, wie ich gesagt habe, strukturellen Konservativismus, der sich genau in dem Augenblick herausbildet, wo wir die Erfahrung machen, daß uns weniger die Mißlichkeiten aufgehaltenen Fortschritts als die prekären Nebenfolgen eines Fortschritts zu schaffen machen, der sich längst durchgesetzt hat. Ich kann zu Zwekken der Wiederholung auch noch einmal die Formel anbieten, daß in dynamischen Zivilisationen sehr Altes in der Definition von Klassischem den ungemein wichtigen Vorzug gewinnt, weniger rasch als das weniger Alte zu altern.

Drittens reagieren wir, komplementär zur wachsenden Schätzung klassischer Bestände, auf den eingangs skizzierten, sich erhöhenden Innovationsdruck mit Eklektizismen, mit der Ausbildung von Beliebigkeiten, Individualisierungen und Spezifizierungen. Das bedeutet: Komplementär zur wachsenden Wichtigkeit klassischer Bestände erhöhen wir die Menge des Disponiblen, verringern also relativ die Menge dessen, was allen Kulturgenossen als verbindlich angesonnen werden kann. Genau in diesem Sinne läßt sich zum Beispiel die moderne Verfassungsentwicklung beschreiben. Menschen- und Bürgerrechte, als Grundrechte, lassen sich ja als Rechte beschreiben, die genau diejenigen Lebensbereiche ausgrenzen, die wir nicht zur Disposition politischer Entscheidungsgremien gestellt wissen möchten, die wir insbesondere auch nicht zur Disposition von Mehrheiten gestellt wissen möchten und die man daher in genau diesem Sinne auch nicht demokratisieren kann. Das heißt umgekehrt ausgedrückt: Wir lassen die Menge derjenigen Lebensorientierungen zunehmen, in denen wir uns wechselseitig beliebiges Anderssein zubilligen.

Viertens werden wir unter dem Druck von Innovationen kostenbewußt – nicht nur mit der eingangs geschilderten Wirkung der Erhöhung der Innovationsrate durch Rationalisierungszwang, vielmehr auch durch Geltendmachen wirtschaftlicher, gegebenenfalls auch bedienungskompetenzmäßiger Grenzen der Ersetzung von Neuem durch Neueres im investiven Bereich.

Fünftens wird die Innovationssteigerung begrenzt durch Erfahrungen der Rationalitätsverluste, die uns über erfahrene Grenzen der Planbarkeit durch abnehmende Prognostizierbarkeit der Realitätsprämissen künftigen Handelns drohen.

Sechstens verändert sich auch der Hauptfaktor kultureller Dynamisierung, die Wissenschaft, in ihrer kulturellen Position.

Nicht zuletzt ihrer disproportional anwachsenden Kostenträchtigkeit wegen gewinnt das wissenschaftspolitische und wissenschaftskulturelle Legitimationsprinzip der Relevanz gegenüber dem der »curiositas« Dominanz, und die Kulturbedeutung wissenschaftlicher Weltbilder nimmt ohnehin wegen der längst überschrittenen kulturellen Kapazitäten ihrer gemeinkulturellen Rezeption ab. Das bedeutet: Mit fortschreitender Verwissenschaftlichung unserer Zivilisation pragmatisiert sich unser kulturelles Verhältnis zur Wirtschaft.

Die Langsamkeit der Ewigkeit

Dieter Ronte

Das Museum als Ort des Ewigen

Das Kunstmuseum ist ein Ort, an dem Zeitprobleme mehr als evident werden. Der Künstler erstellt das Neue, welches neben dem schon Vorhandenen als dem Älteren seinen Platz sucht und behaupten will. Ständig streitet etwas Älteres mit etwas Neuerem um den vorhandenen Raum. Das Paradoxon der Museumswelt ist, daß sich diese sowohl als ein Anwalt der Künstler fühlt und nicht nur als ein Anwalt von sich selbst, als Institution, sondern auch der Kunst ganz allgemein. Das heißt, der Künstler hat sozusagen das Recht, in dem Museum ein Maximum an Ausdrucksmöglichkeiten zu entfalten – ein zeitlicher Vorgang, wenn das Museum bereit ist, ihn aufzunehmen.

Hier gelten aus der historischen Sicht bestimmte Voraussetzungen. Zum Beispiel sind die größten Sammlungen, die wir in der Bundesrepublik haben, republikanische, bürgerliche, aber keine residenzialen Sammlungen. Einzelne Personen deponierten ihre ästhetischen Vorstellungen oder gar Vorlieben auf ewig im Museum, zum Beispiel, um diese Artefakte zu erhalten und sie in der Zukunft anschaubar zu machen. Die wenigen residenzialen Sammlungen sind keine kolonialen Sammlungen, sondern wurden zum Teil richtig gekauft wie in Dresden, wo man dies ganz bewußt tat – um Vorbild zu sein und Repräsentanz, Geschmack usw. zu beweisen. Unter anderem galt es hier, einen Ort für immer, für das Überleben des eigenen Geschmacks zu finden. Die Praxis des Museums besteht aus dem Zeiten-Streit, der über das Thema Qualität geführt wird – nicht Aktualität, diese finden wir eher in Wechselausstellungen, die deshalb benutzerbetonter agieren als »ständige« Sammlungen.

Das Museum selbst ist andererseits etwas ganz Praktisches. Das Publikum geht nicht in das Museum, um eine Theorie vorzufinden oder sich theoretisch bestätigt zu finden, sondern weil es etwas ganz Praktisches sucht. Die Besucher suchen, wenn wir jetzt beim Kunstmuseum bleiben, schon das Andere, das Besondere, oder wie wir auch sagen, das Elitäre, etwas, das man im Alltag nicht hat. Es sei denn, wir würden ein Museum für ›low culture‹ machen, die dem zeitlichen Verschleiß zugeordnet ist. Es gab eine documenta, auf der man mit Harry Szeemann diese Konnotation auf Zeit versucht hat.

Das Museum hat – den Soziologen nach – eine sehr hohe Akzeptanz in der Bevölkerung, und man kommt dorthin, um das Andere, das Besondere, zu sehen, etwas, das aus dem Alltag abgehoben ist. Und das ist bei Kunst a priori gegeben, weil Kunst eben nicht zur Anwendung kommt. Kunst ist der letzte Bereich, in dem der Mensch etwas erstellen kann, das nicht für die unmittelbare Anwendung gedacht ist. Dadurch gewinnt sie eine moderne Zeitlosigkeit.

Das war in der Tat früher anders, zum Beispiel im Mittelalter, als die Objekte alle einen rituellen Charakter hatten. Da wurden sie genau für eine bestimmte Anwendung erstellt. Die Kunstwerke dienten der Anbetung der Ewigkeit und ihren religiösen Werten, solange dies als sinnvoll erkannt wurde. So hat der religiöse Wandel viele dieser Kunstwerke zerstört, ebenso wie totalitäre Regime Kunstwerke in ihrer physischen Existenz aus Angst vor ihrer »Wahrheit« zerstört haben. Wenn nun ein Dürer-Altar oder ein Lochner-Altar in das Museum kommt, dann ist er nicht mehr für die Anwendung da, sondern wird ganz anders betrachtet. Das heißt, im Laufe der Zeit verschiebt sich auch der Zugang zu den Dingen, die sich anders und neu entfalten.

Es gibt also Lebenszyklen und Zeitzyklen, in denen Kunst besonders wichtig oder weniger wichtig ist. Doch mit der Renaissance, mit der wir die Neuzeit beginnen lassen, können wir feststellen, daß ganz gezielt Kunst gesammelt worden ist. Sie verkörpert die Idee als Ausdruck menschlichen Geistes und seiner Wirkungen. Raphael spricht von der »prima idea«, der »certa idea«, von der Idee, die ein Mensch hat oder gewinnt, mit der er zeigen kann, daß er in der Lage ist, der Schöpfung Gottes etwas entgegenzustellen: der Künstler als »alter deus«, als der andere Gott, der Künstler als Schöpfer. Der Künstler ist in der Lage, als ein besonderer Mensch etwas zu erstellen, das man sonst nicht hat. Das kann jetzt in Konkurrenz zur Umwelt, zur Außenwelt, zur Realität stehen, das kann aber auch die sogenannte innere Vision sein, wie Novalis es genannt hat. Das heißt, er ist in der Lage, etwas zu fertigen, das Erlebnisse, aber auch kognitive Erkenntnis vermitteln kann – also überzeitliche Wahrheiten. Deshalb haben wir eigentlich Museen, und so sind sie heute auch eingerichtet. Sie sind nicht nur weiße Wände, sondern Orte. Es gibt keinen Ort, an dem man ein Kunstwerk als Ideenträger so verorten kann wie im Museum. Die Phase, in der wir versuchten, ohne Wände auszukommen, zum Beispiel die Maschine des Centre Georges Pompidou in Paris, ist längst vorbei. Das Museum ist viel konservativer, als wir immer gedacht haben. Nicht nur, weil das Museum von den Objekten abhängig ist, von der Materialität der Gegenstände, die konserviert werden müssen, sondern weil darin neue Ideen verankert sind. Kein Museum und auch kein Kunstmuseum sammelt ein Kunstwerk, nur um 50 Gramm Farbe auf 150 Gramm Leinwand zu besitzen. Es sammelt diese Gegenstände wegen der Ideen, die mit dieser Leinwand und den Farben transportiert werden. Diese bestimmen das Erlebnis oder auch die Erkenntnis, die das Publikum sucht, wenn es in die Museen kommt.

Langsamkeit durch Selektion

Es ist kein Zufall, daß das Lehnbachhaus in München zur Zeit alle Wände farbig hat, um von dem weißen Museum wegzukommen, und damit ins 19. Jahrhundert zurückkehrt, also in der Präsentation auf Lehnbach zurückgeht, da dort die Sinnlichkeit eine Rolle spielte. Sinnlichkeit auch deshalb, weil im Museum Zeiterfahrungen gemacht werden, die woanders nicht gemacht werden können – und zwar gerade die Zeiterfahrung der Langsamkeit. Das Museum ist nicht der Ort der schnellen Information – der kinematographische Blick hilft im Museum nicht –, sondern ist der Ort, wo der Blick langsam werden muß.

Die Ersteinrichtung des Centre Georges Pompidou war ein völlig freies Stellwandsystem, das fast wie ein Ambulatorium ohne Richtung aufgebaut war. Die Räume waren hinter- und nebeneinander gegliedert. Das System konnte man durchbrechen, indem man einen Raum »1900« machte; dann machte man einen Raum »1901«, dann einen Raum »1902«, dann einen Raum »1903« usw. (Das ist überspitzt formuliert.). Picasso kam über 50 Räume sozusagen ideell vor, weil er so lange gemalt hat. Man konnte mit der Stoppuhr feststellen, daß das Publikum hineinging, sich in dem ersten Raum ungefähr drei Minuten aufhielt, im zweiten Raum zwei Minuten und im dritten Raum eine Minute. Das heißt, das Publikum akzelerierte die Betrachtungsvorgänge, es erhöhte seine Geschwindigkeit, vielleicht um schneller in das Caféhaus zu gelangen.

Wenn Sie heute in das Centre Pompidou gehen, haben Sie eine völlig andere Ordnung. Gea Aulenti hat eine völlig neue Innenarchitektur konzipiert: Wände, die von unten bis nach oben gehen, also wirkliche Orte, in denen man etwas präsentiert. Da hat man einen Raum Picasso, dann hat man noch einen Raum Picasso, dann einen Raum Kubismus, dann kommt ein Raum mit Braque, ein Raum mit Juan Gris, ein Raum mit Matisse. Die Betrachter werden beim Gehen immer langsamer – sie beschleunigen nicht mehr. Das ist genau das, was das Museum an Zeitabläufen bieten kann: Langsamkeit. Jedes gute Museum wird versuchen, diese Langsamkeit aufzubauen.

Langsamkeit erreicht man heute nicht mehr durch Vollständigkeit, sondern genau durch das Gegenteil, durch die Selektion. Nur wenn ich reduziere, kann ich das Publikum verlangsamen. In dem Moment, wo ich alles versuche, wie zum Beispiel das Museum Ludwig in Köln, wo das Museum einen Vollständigkeitsanspruch zu erfüllen sucht, treibe ich die Geschwindigkeit hinein.

Meines Erachtens gilt dieses für alle Museen, speziell für das Kunstmuseum. Die Enzyklopädie ist ein falsches Prinzip. Wenn wir die Frage nach Langsamkeit stellen, dann ist das Museum der Ort, wo man par excellence ein neues Verhältnis zur Zeit gewinnen kann. Denn im Prinzip ist alles, was das Kunstmuseum ausstellt, auf Langsamkeit hin ausgerichtet. Das ist nicht nur eine Frage von Vergangenheit, Gegenwart oder Zukunft, sondern von Verständnis. Die Lesbarkeit in einem Museum ist langsam, und das ist das Problem von ›high culture‹, nicht von ›low culture‹, obwohl das laufend wechselte, denn auch high culture kann als eine primäre Erfindung im Bereich der sekundären Visionalisierung, zum Beispiel durch Werbung, im Sinne von low culture eine Breitenwirkung haben. Deswegen geht man aber nicht ins Museum. Hierhin »pilgert« man, um exakt diesen banaleren Informationen zu entfliehen. Und man weiß eigentlich, daß man sich mit den Dingen auseinandersetzen muß, daß man die Sprache der Kunstwerke lernen muß und daß dieser Prozeß ein langsamer ist.

Die Individualität der Zeiteinteilung

Soziologische Untersuchungen vergleichen den Museumsbesuch gerne mit dem Begriff »window-shopping«. Reinhard Treinen hat das für den Bericht über die Notlage der Museen in der Bundesrepublik für die DFG 1984[1] gemacht. Man geht also ins Museum, schaut sich die Bilderwand an und bleibt bei einigen Bil-

---

1   Vgl. TREINEN, H. (1974), Museum und Öffentlichkeit, in: Auer, H., u.a. (Hrsg.), Denkschrift Museen. Zur Lage der Museen in der Bundesrepublik Deutschland und Berlin (West), Boppard 1974, S. 21–38.

dern »hängen«, so, wie man bei einem Schaufensterbesuch bei Karstadt sagt: »Die Hose könnte ich mir eigentlich in der nächsten Woche kaufen.« Dann schaut man sie sich etwas länger an, merkt sich den Preis und dann geht man weiter.

Doch im Museum stellen sich die Fragen komplizierter. Das Publikum weiß, daß es hier anders gefordert wird, wenn das Museum gut aufgebaut ist. Denn jetzt geht es nicht nur um theoretische Erkenntnisse, sondern sehr wohl um Erlebnisse. Viele Kunstwerke, die wir in den Museen zeigen, verlangen ja einen zeitlichen Ablauf, der allerdings in der Verantwortung des Sehenden liegt. Nicht so im Theater, nicht in der Musik: Da gehen Sie hinein und der Dirigent sagt: »Nach zweieinhalb Stunden kommst Du wieder heraus«. Der Regisseur sagt: »Wilhelm Tell spielen wir heute viereinhalb Stunden«. Das steht auch im Programm: »11.30 Uhr – Ende«, damit weiß man dann Bescheid, wenn nicht – wie in Salzburg – die örtliche Gastronomie protestiert. Dort muß man früher anfangen, da die Leute ja um 22 oder 23 Uhr noch zu Abend essen müssen. Dort gelten dann durch rein ökonomische Zwänge andere Zeitabläufe.

Im Prinzip gibt es keinen Ort, an dem man in der kulturellen Auseinandersetzung so frei in seinen Zeitabläufen und auch so selbstbestimmend ist wie der Betrachter vor dem Bild. Das allerdings ist kein Museumsspezifikum, sondern ein Bildspezifikum. Denn die freie Zeitbestimmung hat der Betrachter auch in der Privatsammlung. Die beste Auseinandersetzung mit einem Bild findet zu Hause statt, wo ich nicht gezwungen bin, meine Zeitoptionen auf einmal zu konsumieren, sondern wo ich meine Zeitabläufe über ein ganzes Leben verteilen kann, und dann natürlich einen ganz anderen Erfahrungswert und auch einen viel intensiveren Dialog mit diesem Bild habe.

Im Museum versucht man oft, diese Erfahrungswerte mit dem Bild dadurch zu verkürzen, daß man einen Spezialisten hinstellt, der einem etwas erzählt oder Introduktionsräume aufbaut und Kataloge verteilt. Das heißt, daß wir – wie auch bei technischen

Systemen – mit vielen Informationen arbeiten. Doch der Zeitverlust des Lesens ist groß, entweder lese ich oder ich betrachte das Bild. Also versuche ich, mit simultanen Informationen zu operieren. Das wären dann die Induktionsschleifen, die Telefonhörer, die Kassettenführung, bei der sich das Pärchen gleichzeitig nach rechts oder links bewegt, weil die Information gerade sagt: »Jetzt auf das rechte Bild schauen ...«. Wir versuchen, Zeit zu gewinnen, was nicht unbedingt der Auseinandersetzung mit einem Kunstwerk dient. Das kann genau so gut verflachen, da auch diese Zeitvorgaben zu kurz und nicht individualisiert sind. Diese Informationsvorgaben müssen so allgemein gehalten werden, daß sie jeder versteht. Dies geschieht am besten auf dem Niveau eines Volksschulabschlusses, weil ich damit die gesamte Gesellschaft erreiche. Das heißt, eine differenziertere Betrachtung, die auch ein individuelles Bedürfnis sein kann, sich mit dem einen mehr, mit dem anderen weniger zu beschäftigen, ist nicht mehr möglich. Das Museum muß aber diesen offenen Raum bieten, diese offene Form, in der ein jeder eigentlich selbstverantwortlich agieren kann.

Die Zeitabläufe in den Museen haben mit Gegenwart und Vergangenheit zu tun. Man kann es ganz einfach sagen – ein Museum kann nur das aufstellen, was schon gemacht ist. Was schon gemacht ist, ist Teil der Vergangenheit. Es wäre aber falsch zu sagen, daß Museen deshalb keine Gegenwart haben, weil die gesamte Präsentation in einem Museum immer aus der heutigen Fragestellung heraus geschieht. Das heißt, wenn ich ein Museum einrichte, manipuliere ich die Zusammenhänge als Wissenschaftler, weil ich bestimme, welches Bild geht, welches kommt, welche Zusammenhänge ich eigentlich aufschlüsseln will. Aber diese Betrachtungsweise ist immer aus dem heutigen Zeitpunkt heraus zu verstehen, da Museen sonst statische Einrichtungen wären. Diese gibt es, zum Beispiel die vatikanischen Museen in Rom. Sie können sich im Vatikan auf einen Stein stellen, den Laokoon anschauen und sagen, hier hat Goethe schon erschüttert gestanden und geweint. Sie können sozusagen auch diesen Rezeptionsprozeß 200 Jahre später noch einmal nachvollziehen, weil sich an der örtlichen, lichtmäßigen Situation nichts geändert hat.

Das normale Kunstmuseum arbeitet in einem Rotationsverfahren, in einem Befragungssystem, das unmittelbar von der Gegenwart ausgeht, mit den Dingen der Vergangenheit. Es ist das Museum, in dem neue Erkenntnisse unglaublich schnell transportiert werden können. Ich gebe ein negatives Beispiel. Es gibt ein Bild, das in der deutschen Geistesgeschichte 150 Jahre lang bis in die Politik eines germanischen Selbstverständnisses hinein von ganz großer Wirkung war. Ein Bild, das 200 Jahre unbekannt war, das aber bereits in der Zeit, als es gemalt wurde, gerühmt wurde. Später gelangte es in die Berliner Sammlungen. Es heißt der »Mann mit dem Goldhelm« und wurde Rembrandt zugeschrieben. Unsere Genievorstellungen sind immer an den einzelnen gebunden, nie an eine kollektive Leistung, was falsch ist, weil die meisten Bilder von Schülern und Lehrlingen und nicht vom Meister selbst gemalt worden sind, wie bei Rubens zum Beispiel. In dem Moment aber, in dem ein Chemiker kommt, also ein Fachfremder, und sagt: »Hier sind andere Pigmente verwendet worden, als sie Rembrandt bei den signierten Bildern selbst verwendet hat«, fällt dieses Bild aus dem Ouevre von Rembrandt heraus und kein Mensch schaut sich dieses Bild mehr an. Ökonomisch hat es einen Wertverfall von 20 Millionen auf 20 Tausend Deutsche Mark erlitten. Es ist materiell aber gleich geblieben, das heißt, es ist die gleiche Quantität von Farbe auf Leinwand, aber die Wirkung dieses Bildes ist auf ein Minimum reduziert, obwohl sich das Bild nicht verändert hat. Das heißt, es gibt sehr wohl Dinge, die von Bildern ausgehen, die nicht unmittelbar ablesbar sind, sondern im Dialog im Zeitverständnis mit den Bildern aufgebaut werden und die von ungeheuerer Wichtigkeit für das Verständnis von Vergangenheit und natürlich auch von Gegenwart sind.

Gute Kunst ist langsam

Eine These zum Beispiel lautet: Fälschungen können zeitlich nicht mitwachsen. Wenn ich einen Vermeer in den zwanziger Jahren kopiert, imitiert und gefälscht habe, indem ich ihn aus vielen Bildern zusammensetzte, so sind diese Fälschungen nicht mehr in der Lage, auf die Vermeer-Forschungsfragen zwanzig Jahre später zu antworten. Das originale Bild kann sich weiterentwickeln, denn es trägt Kapazitäten und Quantitäten, Optionen in sich, die erst in der Zukunft relevant werden. Die wahre Kunst ist ewigkeitsresistent. Ich kann heute die »Nachtwache« von Rembrandt nicht mehr mit denselben Augen wie der Bürgermeister von Amsterdam damals sehen, denn dann würde ich sie zum Beispiel nicht am Rande abschneiden, damit sie in das Rathaus paßt, was ja passiert ist. Meine Fragestellungen, die das Bild beantworten kann, sind heute völlig andere, so daß der Umgang mit dem Vergangenen zugleich auch eine Option in die Zukunft ist. Und das genau kann bildende Kunst oder Kultur erreichen, das können Bilder.

Die klassische Avantgarde-Theorie besagt, ein gutes Bild kann nicht gut sein, wenn es sofort verstanden wird. Das ist die klassische These, mit der der amerikanische abstrakte Expressionismus groß geworden ist. Das heißt, das Bild muß die Chance bekommen, sich mit der Zeit zu entwickeln. Es muß eine Sprachlichkeit entwickeln. Andere müssen helfen, eine Grammatik zu entwickeln, die heute von den meisten Künstlern selbst mitentwickelt wird, weil die Gesellschaft so sprachlos geworden ist – die Theoriebindung und die Erklärungsbedürftigkeit der bildenden Kunst.[2] Das Kunstwerk braucht Zeit, um volle Wir-

2   Vgl. BONUS, H./RONTE, D. (1992), Transaktionen, Konventionen, Kunst, in: TIETZEL, M. (Hrsg.), Homo Oeconomicus IX (2), München 1992, S. 195–227.

kungen zu erzielen. In die Ewigkeit entfaltet man sich nur langsam.

Dazu braucht es nicht das Museum. Das kann eine Privatgalerie sein, das kann ein kleiner Kreis sein, das kann ein Sammlerzyklus sein, das kann im Atelier des Künstlers selbst sein. Die Frage ist nur, ob es öffentlich, privat oder halb-öffentlich sein soll. Aber für das Kunstwerk an sich und für seine Aussagefähigkeit ist das egal. Deswegen braucht auch das Kunstwerk das Museum nicht. Die Gesellschaft braucht das Museum, weil es Orte ausweist, in denen man sich damit auseinandersetzt. Allerdings sucht der Ewigkeitsanspruch der Kunst die öffentliche Zustimmung.

Kunst ist immer zugleich die Auseinandersetzung mit der Vergangenheit. Es ist fast paradox, daß die Kunst der Neuzeit dadurch entstanden ist, daß sie sich auf die alte Kunst beruft. Die Renaissance hat ja nicht nur die Steinbrüche der römischen Altertümer erfunden, sondern auch die großen Sammlungen aufgebaut. Ohne den Torso von Belvedere, ohne diesen griechischen Ringer, wäre die gesamte europäische Kunstgeschichte von Michelangelo über Raphael anders verlaufen, wenn man die Skulptur nicht gefunden hätte und als altes Stück in die Gegenwart integriert hätte, um daraus die zukünftigen Dinge zu entwickeln. Damit transportiert sich aber auch bis in die heutige Zeit das Problem der Ewigkeit als Überlebensfähigkeit.

Vergangenes und Ewiges

Diese These versteht sich gut mit der Suche nach dem Ewigen, dem Sakralen. Aber es gibt natürlich auch in unserem Jahrhundert das, was man den aristokratischen Geschmack nennt, weil die Auftraggeber fehlen, Vorverständnisse nicht mehr aufgebaut werden und weil die Kirche oder der Adel als Partner der Künste ausgefallen sind. Das Museum als die Kathedrale des Bürgertums, die Verantwortung des einzelnen, die Subjektivierung des Kunst-

Marcel Duchamps: The Fountain, 1917, Sammlung Arturo Schwarz, Mailand werkes durch den Künstler hat natürlich auch dazu geführt, daß sich sehr viele Künstler gegen das Museum wenden, indem sie eine Kunst machen, die sozusagen auf Zerstörung hin ausgerichtet ist. Diese Werte sind nicht zu konservieren. In einem Vortrag 1989 auf einem Restauratoren-Kongreß in Wuppertal zu dem Thema »Wie restauriert man Brotwürmer?« habe ich darauf hingewiesen, daß man zum Beispiel ein Spoerri-Objekt oder auch eine Arbeit von Dieter Rot alle zwei Jahre vergasen muß, um die Brotwürmer zu vernichten, die sich ganz automatisch aus Bakterienkulturen bilden. Diese sind intentionell in den Kunstwerken angelegt. Der Künstler wollte, daß es sich vernichtet. Tinguely erfand Skulpturen, die nach einem gewissen Gebrauch explodierten, damit sie kaputtgehen. Es gibt Künstler, die gehen aus dem Museum heraus in die Landschaft, damit nicht musealisiert werden kann. Wenn Christo den Reichstag verpacken will, dann ist das eine Aktion von 14 Tagen. Diese Investitur ist ein regelrechtes Bekleidungsproblem, theologisch gesehen, aber eben nicht auf Ewigkeit hin konzipiert, sondern nur für 14 Tage.

Für viele Künstler ist das ein ganz wichtiger Aspekt, nicht mit der Ewigkeit verglichen zu werden. Wir kennen zum Beispiel im Wiener Aktionismus Künstler, die sich um die Realzeit kümmern, wie zum Beispiel Hermann Nitsch mit seinen »Aktionen zum Mysterien-Orgien-Theater«. Er versucht eine Visualisierung, die sich dem Museum entzieht.

Viele Künstler mißtrauen den Museen ebenso stark wie Privatsammler. Sie fangen an, sich ihre eigenen Museen zu bauen wie Thorwaldsen und D'Anunzio. Es gibt eine ganze Reihe von diesen Gesamtkunstwerkversuchen. Aber auch heute wieder zum Beispiel Walther Pichler oder Hermann Nitsch in Österreich, dort, wo eine verstaatlichte Kunstordnung immer noch virulent ist. Diese hat es so in der Bundesrepublik gar nicht gegeben. Mit der Kulturhoheit der Länder und den Städten als Unterhaltsträger ist alles so ausdifferenziert und kleinteilig, während in Österreich immer noch zentral gehandelt wird. Dort haben wir eine große Schar von Künstlern, die sich eigene Museen bauen, das heißt, sie privatisieren. Pichler baut für jede Skulptur ein Haus. Und jeder weiß, wenn er stirbt, muß das Burgenland das Ensemble übernehmen. Das Kunstwerk ist an seine physische Existenz gebunden. Wenn es vernichtet wird, ist es ein geistiger Verlust für die Gesellschaft, nicht primär ein materieller.

Seit Jahrhunderten leben wir im Bewußtsein mit Bildern, die wir nicht kennen. Die ganze griechische Malerei kennen wir nicht. Wir wissen genau, was auf den Schildern aufgemalt ist. Es ist schriftlich überliefert, ohne daß wir es materiell kennen. Wenn wir den Laokoon von Lessing lesen, erfahren wir von diesen Referenzen auf Bildern, die man nie gesehen hat, so also, ob schon ungemalte Bilder vorweggenommen worden sind. So gibt es aber doch Qualitäten, die eben über das Materielle hinausgehen.

Wie sinnlich ein Museum sein kann, kann man in Hombroich bei Neuss sehen, wo ein Privatmann für seine reine Privatsammlung Häuser erbaut hat. Er spricht von einer Insel der Gnosis. Man braucht sehr viel Zeit, wenn man hingeht. Man muß 25,–DM Eintritt bezahlen, dann geht man in einen Park, in dem es Pavillons gibt, die Erwin Heerich aus Klinkern gebaut hat. Die Leute wagen gar nicht hereinzugehen, weil dort nur eine einfache Holztür ist, die keinen architektonischen Eingang definiert. Ich habe mal eine Gruppe beobachtet, die dreimal um einen Pavillon herumgegangen ist, bis ich gesagt habe: »Machen Sie doch mal die Tür auf.« Drinnen findet man Sammlungen von Khmerskulpturen, Graubner, Heerich, Arp, die alle ohne irgendeine Beschriftung sind, weil der Sammler und die Künstler, die das Bild betreuen – das ist die Installation der Künstler für Fremde –, der Meinung sind, daß es überhaupt nicht darauf ankommt, wer etwas gemacht hat. Dann gehen sie in den nächsten Pavillon, trinken Kaffee und essen Kuchen, und dann gehen sie weiter, da ist wieder Natur usw. Und am Ende des Rundgangs liegt ein Restaurant, da können sie essen, alles ist schon mitbezahlt. Dort erfährt man Kunst zum Beispiel auf ganz andere Art und Weise, weil sie nur noch über die Erfahrungen transportiert wird, das heißt, es geht fast alles über Emotionen. Alle vergleichbaren oder alle möglichen Konnotationen funktionieren nicht mehr, weil eine Unsicherheit entsteht, da nichts beschriftet ist – weil die schnelle Information fehlt.

Das klassische Museum allerdings hat auch die Aufgabe der Aufklärung, das heißt, es möchte Dinge klarstellen. Es darf aber den Erlebnisbereich nicht verlassen. Ich gebe ein Beispiel, an dem man das ganz gut aufzeigen kann. Wenn ich einen Dürer-Altar nehme und den im Wallraf-Richartz-Museum ausstelle, dann kann es sein, daß ein Kardinal kommt, der darin das rituelle Objekt sieht und eigentlich beten möchte. Der Ritus hat einen ganz bestimmten Ablauf. Da wäre sozusagen die theologische Funktion angesprochen. Jetzt kommt ein anderer, der hat Raum- und Formprobleme, und versucht, dort zu erfahren, wie Dürer mit den ersten perspektivischen Kenntnissen, die er in Italien mitbekommen hat, ein Bild verräumlicht. Dann kommt ein Botaniker und sagt: »Das ist ja toll, welche Pflanzen die alle noch hatten.« Dann kommt ein Philosoph, der über das neue Menschenbild redet und sagt, daß Dürer jemand ist, der den Menschenleib studiert, der wie Leonardo seziert hat, der nicht mehr die Figur im Gewand versteckt, sondern ein neues irdisches Menschenbild präsentiert. Das heißt, von 100 Besuchern habe ich 100 verschiedene Möglichkeiten des Betrachtens und der Ansprache dieses Bildes. Das alles muß die Präsentation auch gewährleisten, sonst ist sie falsch. Das heißt, in dem Moment, in dem die Präsentation so manipuliert wird, daß das Kunstwerk eingeschränkt wird, sollte man es so im Museum nicht präsentieren. Es muß geöffnet bleiben. Gute Kunstmuseen tun das – allerdings auch unter dem Verzicht von Zurschaustellung von vielen Zusammenhängen. Das heißt, sie vermeiden zum Beispiel Crash-Kurse der Ästhetik, was eine Präsentation durchaus als Ereignis der Verlebendigung bringen könnte.

Wenn ich ein abstraktes Bild nehme und daneben ein ganz realistisches Bild hänge, habe ich einen anderen Dialog, als wenn ich daneben noch ein abstraktes Bild hänge. Diese Überlegungen aus der Museumspraxis zeigen auf, wie Zeitläufe im Museum stattfinden und beeinflußt werden können. Tatsächlich ist es so, daß die Langsamkeit des Sehens im Museum wieder gelernt werden kann. Das ist kein rein ästhetischer Vorgang, sondern ein gesellschaftlicher Vorgang.[3] Es gibt viele Bilder, die einen langen Auseinandersetzungsprozeß brauchen. Im Sprengel-Museum Hannover gibt es vier Installationen von James Turell – Lichträume. Er selbst sagt: »Ich bin gar kein Künstler, ich bin ein Techniker, ein Physiker, der Lichträume erstellt.« Die magische Wirkung, die davon ausgeht, ist eine kulturelle Konnotation, die in der Gegenwart der Betrachtung der Nutzung dieser Räume funktioniert. Wer in die Räume hereingeht, stolpert wie blind hinein. Er muß architektonisch geführt werden. Er sieht in dem dunklen Raum zum Beispiel fast 10 Minuten lang gar nichts. Ganz langsam erst merkt er dann, daß da vorne etwas zu sehen ist, so etwas Rötliches, Abstraktes. Dann aber ereignen sich beim Betrachter unglaubliche Vorgänge, wenn er länger verweilt, weil er seine eigenen inneren Bilder auf diese Wände projeziert, die allerdings schon eine Projektion haben. Und diese Projektion ist ganz stabil, weil sie einfach durch eine Lampe bewirkt wird, da verändert sich überhaupt nichts. Der Betrachter hat allerdings immer das Gefühl, daß die Situation sich verändert, daß er an einem Prozeß teilnimmt, der in Wirklichkeit aber von ihm ausgeht und nicht vom Bild.

---

3   Professor Michael BOCKEMÜHL von der Universität Witten/Herdecke beschäftigt sich intensiv damit. Er ist nicht zufälligerweise Anthroposoph. Er unterrichtet seine Studenten zum Beispiel in Seminaren oder geht in Museen, wo sie dann vier, fünf, sechs oder auch sieben Stunden vor einem Bild sitzen, also Langsamkeit im Umgang mit dem Bild erproben, ohne zu diskutieren.

Ein berühmtes Objekt von Marcel Duchamps ist die Fontäne, The Fountain (vgl. S. 177); ein objets trouve, ein gefundenes Objekt, oder ein ready made, ein vorgefertigtes Objekt, das im Prozeß des Künstlers zum Kunstwerk gemacht wird, zeigt gegenteilige Phänomene auf. Aber es ist nie für ein Museum gemacht, es ist für eine Ausstellung erdacht worden. Doch im Laufe der Zeit wurde es musealisiert. Der Anstoß dieser Objekte liegt darin, daß man das Urinoir nicht benutzen kann und daß man es anders diskutieren muß. Es ist aus seiner Funktionsfähigkeit und damit schnellen Erfaßbarkeit herausgenommen worden. Das Objekt zum schnellen Geschäft wird ein Gegenstand des langsamen Betrachtens. Nicht alle Orte bieten sich zur Präsentation und Betrachtung an. Denn wenn ich z.B. das Urinoir auf die Straße lege, kommt die Müllabfuhr und räumt es weg. Im Museum aber kann es eine spezifische Aussage bekommen.

Als ein Museumsmann auf der Suche nach Vollständigkeit versuchte, einen »Duchamps« zu kaufen, den es nicht auf dem Markt gab, schrieb Duchamps zurück, seiner Meinung nach bekäme man den Gegenstand noch in dem und dem Kaufhaus. Das heißt, das Objekt wird seit 60 Jahren unverändert hergestellt. Es kommt also gar nicht darauf an, daß es signiert ist, sondern nur, daß in dem Kunst-Kontext Duchamps wieder ausgestellt wird.

Die Ewigkeit des Preises

Eine andere Arbeit wie das Erdtelefon von Joseph Beuys im Kunstmuseum Bonn zeigt ein Telefon, das angeschlossen ist, das aber niemand benutzen darf (vgl. S. 141). Da wirken die Restriktionen des Museums in der Angst vor Beschädigung. Das Paradoxon des Museums ist, daß wir hohe Werte allen zugänglich machen sollen. Nach gesellschaftlichem Verständnis sind alle hohen Werte tief im Keller in einem Safe eingeschlossen und dem zeitlichen Zugriff, ehrlich oder kriminell, möglichst entzogen. Wenn die Beuys-Arbeit allerdings nur 20 DM wert wäre, dann wäre es auch völlig egal, ob sie kaputt geht, man würde sie soweit wie möglich wiederholen. Wenn sie aber eine Million DM wert ist, das wäre etwa der Marktwert heute, dann gehört sie konserviert, dann kommt ein anderes Zeitverständnis in das Kunstwerk hinein. Die Teuerung erzwingt ein längeres Leben. Der exorbitante Marktwert führt zur Ewigkeit. Dieser Prozeß allerdings verläuft langsam. Beuys versucht, mit seinen Formen Technik gegen einfache Formen zu setzen. »Erdtelefon« ist ein Erdklumpen mit Stroh auf einer Steinplatte als primitiv-hochtechnisches Kommunikationssystem, das nicht nur auf rationale Logik setzt. Ein Stilleben von Daniel Spoerri zeigt eine kompakte Zeitgruppierung, Hahns Abendmahl (vgl. S. 153). In den Brotkörben sind Weißbrote, die noch original sind, aber die immer wieder von den Käfern angefallen werden, so daß sie restauriert werden müssen. Das Artefakt hängt in Wien im Museum moderner Kunst Stiftung Ludwig und ist dadurch entstanden, daß der Künstler den Restaurator und Freund Hahn und seine Familie um einen Tisch gruppiert hat. Sie haben gegessen, dabei verändert sich das Environment laufend. Beim Essen bewegt sich alles, immer entstehen neue Skulpturen. Am Ende des Essens wurde das alles fixiert, das Bild kam in die Falle, weil aus der Tafel, indem sie um 90 Grad gedreht wurde, ein Tafelbild wurde. Ganz unterschiedliche Zeitbezüge können hergestellt werden, die eigentlich fast jeder automatisch konstatiert. Die Kunstfrage stellt sich nur dadurch, daß es nicht gemalt ist. Wenn ich aber neben ein realistisches Bild mit augentäuschenden Effekten (trompe l'oeuil) dieses Hahn-Bild stellen würde, also ein Eßbild, würde dieses Bild schon wieder anders erklärt werden.

Die Zeitfragen der Kunst

Im Kontext der Moderne hat letzteres genau diese Schockwirkung eigentlich noch bis heute. Georges Mathieu zum Beispiel hat gefordert, daß die Geschwindigkeit in der Kunstproduktion eine große Rolle spielt. Also alles, was langsam erdacht wird, alles, was sozusagen über Jahre hinaus entwickelt wird, hat für ihn mit eigentlicher Kreativität und Spontaneität – das setzt er gleich – gar nichts mehr zu tun. Je schneller das Kunstwerk entsteht, desto besser – also doch Gegenwartsschrumpfung. Bei Mathieu explodiert alles sozusagen in einem Rausch. Das ist für ihn authentisch, alles ist nur erstellt. Er zählt die Geschwindigkeit. In Deutschland hat Sonderborg, ein Stuttgarter Maler, in den fünfziger und sechziger Jahren diese Position eingenommen. Bilder, unter denen zum Beispiel 4.5.1962, 11.05 bis 11.11 Uhr, steht. Das ist auch der Titel des Kunstwerkes. Sonderborg greift zur psychischen Notation aus dem Moment heraus. Psychogramme, die in kürzester Zeit entstehen, während die Fertigung eines Bildes von Franz Gertsch zum Beispiel ein Jahr dauert. Für 3 bis 4 Meter große Bilder braucht der Schweizer Künstler eine ganz lange, auch konsequente, langsame Logistik des Umsetzens von der Fotografie in die Malerei, wobei die Malerei alles manipuliert, was das Foto nicht kann. Malerei ist viel objektiver.[4] Als die Szene dachte, daß die Spontaneität, die Schnelligkeit des Schaffens, wieder Fuß gefaßt hat, daß man es in der Abstraktion findet und nicht mehr im Abbild, kam genau die Antwort der Künstler. Man malte wieder diese Dinge. Was wir beim Prozeß gerne vergessen, ist, daß immer wieder, wenn wir etwas festgezogen haben oder wenn wir es theoretisch binden können, Künstler auftreten, die das Ergebnis in Frage stellen. Das ist eben das Spannende in diesem Prozeß.

---

4   Vgl. RONTE, D. (1986), Franz Gertsch, Bern 1986.

Ein historisches Beispiel wäre die Unfähigkeit Goethes, sich mit der deutschen Romantik auseinanderzusetzen. Der Mann, der das Straßburger Münster und den Faust I geschrieben hat, förderte in Weimar Künstler, die wir alle nicht mehr kennen. Nur noch Spezialisten kennen die Künstler, welche die Preisausschreiben gewonnen haben – aber nicht Runge, nicht Caspar David Friedrich, nicht die Nazarener. Mit denen konnte er überhaupt nichts anfangen, weil er mit der Maxime und den Normen des Klassizismus Bilder befragt hat, die sich die Aufgabe gestellt hatten, genau diese Normen zu durchbrechen. Also mußte er immer negative Antworten bekommen. Wir lernen, daß ein Umstellen der Befragungsmethoden notwendig wird, damit sie bildadäquat werden. Ein anderer, der die Leinwand sozusagen als Arena betrachtet, wo es um den schnellen Malvorgang geht, ist Jackson Pollock. Eine Invention, eine Erfindung, wurde sehr schnell zumeist im Bereich der Vermittlung übernommen. Dripping-Techniken sind heute im Kunstunterricht gang und gäbe. Doch irgendwann mußte es einmal einer erfinden. Die Leinwand liegt auf dem Boden, und da tropft Ölfarbe aus Kannen auf die Leinwand. Jetzt geht es nicht darum, etwas abzubilden, sondern etwas neu zu kreieren, und der entscheidende Punkt eigentlich der, wann ich glaube, daß ich aufhören muß. Wann habe ich etwas zu weit getrieben und habe ihm seine Autonomie genommen und seine Kreativität, als Bild seine Aktivität, wie weit kann ich so etwas treiben? Ein Malerproblem, das jeder, der ein Kunstwerk macht, sei es denn ganz realistisch oder abstrakt, immer wieder hat.

Die Techniken sind längst gang und gäbe, sie sind übernommen worden. Bildende Kunst ist auch ein Informationstransfer und unterscheidet zwischen dem invenit und fecit. Künstlerische Innovationen (invenit) sind sehr schnell verbreitet worden. Dürer hat zum Beispiel seine Holzschnitte gemacht, um seine Bilderfindung zu vertreiben. Rubens, wir sprechen von den Rubensstechern, hat hochkarätige Drucker gehabt, wie zum Beispiel van Dyck, die seine Bilderfindungen gestochen haben (fecit), damit man sie in die ganze Welt verschicken konnte, um zu zeigen, was Herr Rubens erfunden hat. Der aber hat die Bilder nicht selbst gemalt. Im Rubenshaus in Antwerpen konnte er von der oberen Empore heruntergucken, um die Gesellen, die seine Bilder malten, zu kontrollieren. Aber er hat den Bozetto, den Entwurf, geliefert, die Erfindung, nach der das Bild gemalt wurde. Wenn das Bild fertig war, wurde es in die Graphik umgesetzt, damit es in einer hohen Auflage in der ganzen Welt bekannt gemacht werden konnte und das Primat einer Idee sicherte. Zudem war Rubens auch der Diplomat als Maler, der sozusagen von den Fürstenhöfen verliehen wurde, um als Maler und als Diplomat, um mit seinen Bildern, Geschenke machend, auch Politik zu betreiben.

Ein ganz anderes Beispiel für Zeitschreibungen: Hanne Darboven, die Bismarck-Zeit, im Kunstmuseum Bonn ein Raum mit ca. tausend kleinen Blättern mit Texten oder nur noch Linien oder Zahlen (vgl. S. 119). Wenn die Arbeit richtig gelesen wird, vergehen Stunden. Langsamkeit wird verpflichtend. Hanne Darboven sagt, ich schreibe Zeit, hier ist das Thema Bismarck-Zeit, dann hat sie hier ein Kompendium von über 50 Jahren in einen Raum gedrängt, das in der Tat lesbar ist, ohne daß es explizit um die Aussage eines Geschichtsbuches geht. Die meisten Kunstwerke sind auch Bilder, die sich einfach einer schnellen Aufnahme von Information verweigern. Sie verlangen das wirklich Langsame, wie bei einem physischen Gegenüber, um sich mit dem Bilde auseinanderzusetzen. Sonst handelt es sich eigentlich um eine völlig harmlose Malerei.

Viele Künstler haben sich mit dem Phänomen Zeit, den Zeitläufen, der Langsamkeit wie der Geschwindigkeit, dem Irdischen wie der Ewigkeit auseinandergesetzt.[5]

---

5   Vgl. BAUDSON, M. (Hrsg.) (1985), Zeit. Die vierte Dimension in der Kunst,

Um das Ganze abzuschließen, soll ein Künstler zu Wort kommen. Carl André zum Beispiel, der Meister der reduzierten Metallplatten, die so in den Museen liegen, daß man nicht weiß, ob man draufgehen darf oder nicht. André hat als Theoretiker gearbeitet. Das Museum ist ein Anwalt der Künstler und nicht der Ort der Vergangenheit. Das Museum stellt keine Kunst her, es benutzt die Kunst, denn wir brauchen die Kunst. Es entstehen Fragen und Antworten:[6]

1. Wer ist ein Künstler?
   A. Ein Künstler ist jemand, der sagt, er sei ein Künstler.
   B. Ein Künstler ist jemand, der ein Diplom von einer Kunstakademie hat.
   C. Ein Künstler ist jemand, der Kunst macht.
   D. Ein Künstler ist jemand, der mit Kunst Geld verdient.
   E. Ein Künstler ist nichts von dem, etwas von dem, alles von dem.

2. Was ist Kunst?
   A. Kunst ist das, was ein Künstler Kunst nennt.
   B. Kunst ist das, was ein Kritiker Kunst nennt.
   C. Kunst ist das, was ein Künstler macht.
   D. Kunst ist das, was dem Künstler Geld einbringt.
   E. Kunst ist nichts von dem, etwas von dem, alles von dem.

3. Was ist die Qualität in der Kunst?
   A. Qualität in der Kunst ist eine Fiktion des Künstlers.
   B. Qualität in der Kunst ist eine Fiktion des Kritikers.

Acta Humanoria, Weinheim 1985. Hier sind die meisten Spielarten der Auseinandersetzung der bildenden Künste mit dem Phänomen Zeit aufgeführt.

6   Zitiert nach: VRIES, G. de (Hrsg.) (1974), Über Kunst. Künstlertexte zum veränderten Kunstverständnis nach 1965, Köln 1974, S. 27.

C. Qualität in der Kunst sind die Kosten, Kunst zu machen.

D. Qualität in der Kunst ist der Verkaufspreis von Kunst.

E. Qualität in der Kunst ist nichts von dem, etwas von dem, alles von dem.

4. Was für eine Beziehung besteht zwischen Politik und Kunst?

A. Kunst ist eine politische Waffe.

B. Kunst hat nichts mit Politik zu tun.

C. Kunst dient dem Imperialismus.

D. Kunst dient der Revolution.

E. Die Beziehung zwischen Politik und Kunst ist nichts von dem, etwas von dem, alles von dem.

5. Warum mache ich weiter?

A. Ich mache weiter, weil Kunst meine Lebensaufgabe ist.

B. Ich mache weiter, weil ich mit Kunst mein Geld verdiene.

C. Ich mache weiter, weil die Kunst stirbt, wenn ich aufhöre.

D. Ich mache weiter, weil die Kunst unverändert weiter geht, wenn ich aufhöre.

E. Ich mache weiter wegen nichts von dem, etwas von dem, alles von dem.

Der Kunstprozeß ist ein langsamer. Produktion und Rezeption müssen übereinstimmen. Ohne Geduld und Langsamkeit kann die Ewigkeit nicht erreicht werden.

Die Autoren

Prof. Dr. Klaus Backhaus, geboren 1947 in Mülheim/Ruhr, ist Direktor des Betriebswirtschaftlichen Instituts für Anlagen und Systemtechnologien der Westfälischen Wilhelms-Universität Münster. Professor Backhaus lehrte an der Freien Universität Berlin, der Johannes Gutenberg-Universität Mainz und hatte Gastaufenthalte an verschiedenen in- und ausländischen Universitäten. Nach seiner Promotion war er fünf Jahre lang Mitarbeiter der Siemens AG und zuständig für den Vertrieb von Großanlagen. Seine Forschungsgebiete sind Investitionsgütermarketing und Internationales Management.

Prof. Dr. Holger Bonus, geboren 1935 in Berlin, studierte Germanistik und Nationalökonomie in Bonn, Hamburg und Heidelberg und promovierte 1967 zum Dr.rer.pol. Von 1967 bis 1970 war er Postdoctoral Fellow und Research Associate an der University of Chicago. Nach der Habilitation 1971 lehrte er an der Universität Bonn, der Universität Dortmund und der Universität Konstanz. Seit 1984 ist er Ordinarius für Volkswirtschaftslehre an der Westfälischen Wilhelms-Universität Münster und zugleich Geschäftsführender Direktor des Instituts für Genossenschaftswesen. Professor Bonus ist Mitglied der Enquête-Kommission »Schutz des Menschen und der Umwelt« des Deutschen Bundestages. Seine Arbeitsgebiete sind Umweltökonomie, Neue Institutionenökonomie und Kulturökonomie.

Prof. Dr. Georges Fülgraff, geboren 1933, leitet den Postgraduierten Studiengang Gesundheitswissenschaften/Public Health an der Technischen Universität Berlin und ist Sprecher des Berliner Forschungsverbundes Public Health. Er ist Mitglied der Enquête-Kommission »Schutz des Menschen und der Umwelt« des Deutschen Bundestages und war Mitglied im Rat der Sachverständigen für Umweltfragen. Fülgraff war früher Professor der Pharmakologie und Toxikologie an der Johann Wolfgang Goethe-Universität Frankfurt am Main sowie Präsident des Bundesgesundheitsamtes und Staatssekretär in Bonn.

Prof. Dr. jur. Bernhard Großfeld, LL.M., geboren 1933 in Bentheim, ist Direktor des Instituts für Internationales Wirtschaftsrecht der Universität Münster. Er lehrte an der Universität Göttingen und an verschiedenen ausländischen Universitäten. Seine Hauptfächer sind Unternehmensrecht, Internationales Wirtschaftsrecht und Rechtsvergleichung. Professor Großfeld ist ordentliches Mitglied der Nordrhein-Westfälischen Akademie der Wissenschaften.

Dipl.-Ing. Kai Gruner, geboren 1965 in Köln, ist wissenschaftlicher Mitarbeiter am Betriebswirtschaftlichen Institut für Anlagen und Systemtechnologien der Westfälischen Wilhelms-Universität Münster. Er hat Elektrotechnik an der Universität Karlsruhe (TH) und Business Administration an der University of Washington in Seattle, USA, studiert. Bevorzugtes Forschungsgebiet sind Beschleunigungsprozesse im Marketing.

Prof. Dr. Hermann Lübbe ist Honorarprofessor für Philosophie und Politische Theorie an der Universität Zürich. Nach der Promotion 1951 in Freiburg i.Br. und der Habilitation 1956 in Erlangen lehrte er als Dozent und Professor an den Universitäten Erlangen, Hamburg, Münster, Köln, Bochum, Bielefeld und Zürich. Von 1966–1970 war er als Staatssekretär tätig. Seine jüngsten Buchpublikationen sind: Freiheit statt Emanzipationszwang. Die liberalen Traditionen und das Ende der marxistischen Illusionen, Zürich 1991; Im Zug der Zeit. Verkürzter Aufenthalt in der Gegenwart, Heidelberg, Berlin 1992; Abschied vom Superstaat. Vereinigte Staaten von Europa wird es nicht geben, Berlin 1992.

Prof. Dr. Dieter Ronte, geboren 1943 in Leipzig, studierte Kunstgeschichte, Archäologie und Romanistik in Münster, Pavia und Rom und promovierte zum Dr. phil. Professor Ronte war Leiter der Graphischen Sammlung des Museum Ludwig in Köln, Direktor des Museums moderner Kunst in Wien, Direktor des Sprengel Museum Hannover und ist seit 1993 Direktor des Kunstmuseum Bonn. Er veröffentlichte u.a. über die Kunst der Nazarener und besonders über die Kunst des 20. Jahrhunderts. Seit 1980 übernahm er Lehrverpflichtungen u.a. an der Akademie der Bildenden Kunst Wien, der Hochschule für angewandte Kunst Wien und seit 1990 an der Universität Hannover.

Walter R. Stahel, geboren 1946, ist seit 1982 einer der Gründer und Direktoren des Instituts für Produktdauer-Forschung in Genf. Stahel hat Architektur und Raumplanung an der ETH-Zürich studiert. Er hat als Architekt in England und der Schweiz, als Unternehmensberater am Battelle Institute in Genf und als Controller in einer Industrieholding gearbeitet. Sein Forschungsgebiet ist nachhaltiges Wirtschaften und Ressourceneffizienz.

Dr.-Ing. h. c. Klaus Steilmann, geboren 1929, ist Europas größter DOB-Konfektionär. Die Klaus Steilmann GmbH & Co. KG ist ein weltweit operierendes Unternehmen mit Milliardenumsatz. Neben seinem unternehmerischen Erfolg engagiert sich Klaus Steilmann als Sport- und Wissenschaftssponsor sowie für die Einführung einer umweltschonenden Unternehmensführung. 1991 gründete er das Klaus Steilmann Institut für Innovation, das sich speziell mit ökologischen und wettbewerbspolitischen Forschungsthemen beschäftigt. Aufgrund seines Umweltengagements ist er 1992 in den Club of Rome berufen worden. Klaus Steilmann ist Mitbegründer des ICERC, International Commitee for Economic Reform and Cooperation of the CIS in Bonn und Moskau, sowie Präsident der europäischen Branchenorganisation EURATEX, European Apparel and Textile Organisation in Brüssel.

Erfolg

durch Einfachheit

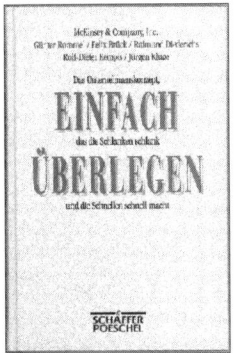

SCHÄFFER POESCHEL